느헤미야 렉처 시리즈 02

네 이웃을 네 몸과 같이

성경 주해와 해석:
동성 성행위 본문을 어떻게 해석할 것인가?

김 근 주

느헤미야

이 책은 2018년 11월 10일 제2회 느헤미야 렉처 Nehemiah Lecture 에서 발표한 "과거의 성경, 오늘의 현실-성경 주해와 해석: 동성 성행위 관련 본문을 중심으로"를 정리한 것입니다.

02 네 이웃을 네 몸과 같이
성경 주해와 해석: 동성 성행위 본문을 어떻게 해석할 것인가?

지은이	김근주
초판발행	2020년 1월 2일
초판2쇄	2021년 1월 11일

펴낸이	배용하
책임편집	배용하
등록	제364-2008-000013호
펴낸곳	도서출판 느헤미야
등록한곳	충남 논산시 매죽헌로 1176번길 8-54, 101호
대표전화	041-742-1424 전송 0303-0959-1424

분류	기독교	성서주해
ISBN	979-11-969079-1-4
	979-11-969079-0-7 세트 04230
가격	10,000원

네 이웃을 네 몸과 같이

– 성경 주해와 해석:
동성 성행위 본문을 어떻게 해석할 것인가?

차례

들어가며 / 9

1. 성경 주해와 해석

1. 문맥에 따른 이해 / 15

2. 문맥에 따른 이해의 한계 / 17

3. 성경 주해와 해석 / 22

4. 보편과 특수, 추상과 구체, 개념과 사건 / 30

5. 구체적이고 특수한 본문을 판단하는 기준 / 46

2. 주해와 해석의 구체적 사례로서 동성 성행위 관련 본문

1. 창세기 19장 / 59

2. 사사기 19장 / 73

3 소돔에 대한 이해 / 80

4. 레위기 18:22; 20:13 / 91

5. 로마서 1:26-27 / 110

6. 노예제도, 여성차별과 동성애는 같은 맥락이라고 볼 수 있는가? / 141

3. 우리 가운데 있는 낯선 이웃 / 143

4. 함께 살아가는 세상 / 147

제언 / 166

참고문헌 / 171

들어가며

'성경은 동성애를 죄로 규정한다'는 진술은 오늘 우리 교회 안에서 온갖 논쟁을 불러 일으키는 표현이다. 당장, 성경에 표현된 것은 '동성 성행위'라는 점, 그리고 '동성애'라는 표현은 성경에 한번도 쓰이지 않았다는 점에서, '성경에서 동성애는 죄라고 한다'라는 표현은 전혀 엄밀하지 않다. 구약에 몇 번 언급된 '남색'이 가리키는 것이 정확히 무엇인지도 그리 명확하지 않다. 나아가 로마서 1장에서 바울이 말하고자 하는 바가 무엇인지에 대해서도 학자들 간에 이견이 있다. 레위기 18장과 20장은 명확하게 남자 동성 성행위를 정죄하지만, 왜 여자 동성 성행위는 언급하지 않는 것인지, 그러면 그것은 괜찮은 것인지도 논의가 필요하다. 여자 동성 성행위는 '남색'을 금지하는 고린도전서 6:9-10이나 디모데전서 1:9-10에서도 언급되지 않았다. 신구약 성경 전체에서 오직 로마서 1:26 단 한 구절에서만 여자 동성 성행위가 금지되었다. 그러면 한 군데라도 언급이 있으니 이 역시 죄악이다라고 말하면 되는 것인가? 그리고 동성 성행위가 금지라면 동성을 향한 육체 관계가 없는 동성애는 괜찮은 것인가?

　나아가 **바울이 문제 있다고 여긴 것은 오늘날에도 글자 그대로 모두 문제 있는 것인가?** 바울은 여자가 머리를 기르는 것이 순리이고 남자는 짧은 것이 순리라고 했는데고전 11:5,14 오늘날에도 여자는 반드시 머리를 길러야 하는가? 남자는 머리를 기르면 안 되는 것인가? 바울은 여자의 머리가 남자라고 명확히 말했는데고전 11:3, 혼자 살아가는 비혼 여성에게 여자의 머리가 남자라는 말은 무슨 의미인가? 고향에 계신 그의 아버지가 그녀의 머리인가, 아니면 이 여성이 세 들어 사는 집주인 남자? 이 여성이 다니는 직장의 남성 상사? 아니면 이 여성이 출석하는 교회의 남성 목회자가 그녀의 머리인가?

　신명기 22:28-29에서는 남자가 약혼하지 않은 처녀를 강간했을 경우 여인의 아버지에게 은 오십 세겔을 주고 평생 그를 버리지 말아야 한다고 규정한다. 그러면 남성이 좋아하는 여성이 생겨서 그녀에게 사랑을 고백해도 받아들여지지 않았을 경우, 일단 그녀를 성폭행한 후 그녀를 평생 버리지 않고 함께 살면 되는 것인가? 신명기 본문은 오늘 어떻게 하나님 말씀으로 지켜져야 하는가? 레위기 18장과 20장은 월경중인 여성과의 성관계를 금지하며 레위기 20장의 경우 관계했을 경우 백성 중에서 끊어내라고 명령하는데 오늘날도 그렇게 지켜야 하는가? 레위기 18:18은 자매를 동시에 취하는 것을 금지하는데 레아와 라헬을 동시에 취한 야곱의 행동은 어떻게 평가해야 하는가? 야곱이 모세 율법 이전 인물이라 해당되지 않는다면, 남의 아내를 취했을 경우 두 사람을 모두 죽이라는 명령레 20:10과 다윗과 밧세바의 결합은 어떻게 함께 존재할 수 있는가? 이방 여성과의 결혼 관계를 깨뜨렸던 에스라의 행동은 오늘 신앙을 갖지 않은 이들과의 결혼에 대해 무엇을 말하는가?

이상의 몇몇 예들은 성경을 하나님의 말씀으로 굳게 고백하고 믿는다 하여도 그 말씀을 오늘 현실에 적용하는 것이 그리 간단한 문제가 아님을 잘 보여준다. 성경이 어떻게 오늘의 현실에 적용되어야 하는가는 본문에 쓰인 글자 그대로 행하여야 할 일이 아니라 신중한 고려와 논의를 필요로 하는 문제이다. 이 책이 다룬 것은 바로 이 내용이다. 성경 본문을 이해한다는 것은 무슨 의미인가? 본문에 적힌 내용은 어떻게 오늘의 삶에 적용될 수 있는가?

길지 않은 이 책은 이에 대한 필자의 공부와 생각을 담은 것이다. 이 책의 근본적인 전제는 성경은 하나님의 말씀이라는 신앙 고백이며, 그 전제 위에서 성경 이해를 다룬다. 성경 본문을 어떻게 해석할 것인가에 대한 일반적 논의가 책의 첫 부분을 이루고, 둘째 부분은 그 구체적 사례로서 신구약 성경의 동성 성행위 본문을 다룬다. 이러한 논의를 거쳐 이 책이 제안한 결론이 마지막 부분에 실려 있다.

나름의 결론이 있지만, 이 책이 주장하고 싶은 가장 중요한 지점은 특정한 본문에 실린 내용은 해석과 논의의 여지가 있다는 점이다. 본문에 쓰여진 글자만 가지고 일방적으로 주장할 것이 아니라 그에 대한 세부적인 논의가 필요하며, 이를 위해서는 학문적으로 진지하게 해당 본문과 그 배경을 다룰 필요가 있다. 그러나 오늘 우리 현실은 본문 해석을 둘러싼 논의 자체가 경직되어 버렸다. 달리 해석할 수 있는 가능성만 언급하여도 온갖 배제와 금지, 축출이 난무한다. 이 책을 출판하는 것은 이러한 현실에 대한 필자의 확고한 반대의 표현이다. 필자가 이 책에서 개진한 견해만이 옳아서가 아니라, 아예 이러한 논의조차도 이루어지지 않는 참담한 현실에 대한 결연한 반대로 여러 면에서 미흡한 필자의 견해를 감히 출판한다. 동성 성행위 본문은 논의되고 검토되고 해석될 본문이지, 한편의 손에서 일방적으로 주장될 본문이 아니며, 그런 주장에 기반해서 다른 사람을 정죄하고 축출하는 도구는 더더욱 아니다. 이 책 말미에도 참고문헌이 제시되었지만, 조금만 알아보아도 무수한 문헌이 이 주제를 중심으로 출판되었다. 그 자체가 이 문제가 간단명료한 것이 아님을 명확히 보여준다. 그래서 이 책의 출판은 광기어린 마녀사냥에 대한 결연한 반대이다. 끔찍한 반이성, 비이성의 시대에 대한 단호한 반대이다.

이 책에 실린 내용은 2018년 11월 느헤미야 렉처 Nehemiah Lecture에서 처음 발표되었다. 이 연구를 진행할 수 있도록 재정적 지원을 해준 기독연구원 느헤미야에 깊이 감사드린다. 필자의 견해와 달리 생각함에도 불구하고 그와는 무관하게 이와 같은 다양한 견해를 출판하도록 지지해준 느헤미야의 동료 교수님들께 감사드린다. 서로 견해가 다르지만 함께 살아가고 마녀 사냥에는 함께 대처하는 느헤미야 공동체는 복잡한 현실 문제에 대한 연구자들과 그리스도인의 태도가 어떠해야 하는지를 보여주는 단적인 사례라고 생각한다. 이분들이 있어서 공부와 삶이 즐겁고 행복하다. 아울러 이 책을 출판한 도서출판 대장간 배용하 대표님께 깊이 감사드린다. 이 책이 마녀사냥의 소재가 아니라 진지한 논의를 위한 한 걸음이 되기를 바랄 뿐이다.

예수 그리스도는 필자와 같이 부족하고 부끄러운 죄인으로 길과 진리와 생명 가운데 살아가게 하셨다. 이 책은 예수께서 필자에게 베푸신 은혜와 진리를 모든 이들, 그들의 정체성이 누구이든, 모든 이들이 누리고 경험하기를 바라는 갈망을 담고 있다. 성경 본문을 통해 필자의 의견이 형성되었지만, 그 출발은 좁은 생각과 경험의 울타리 안에 살아가던 필자가 만났던 성소수자들이었다. 필자에게 자신의 경험과 생각을 나누어 주었던 게이와 레즈비언, 트랜스젠더 지체들 덕분에 필자 역시 성경을 이해하는 데에 큰 도움을 얻었다. 주님의 은혜가 온 땅 모든 이들에게 임하기를.

1. 성경 주해와 해석

1. 문맥에 따른 이해

문장의 의미를 결정하는 근본적인 요소는 문맥이다. 문장 자체가 말하는 내용이 대개의 경우 분명할 수 있지만, 최종적으로 문장의 의미는 문맥 안에서 하나의 의미로 확정된다고 볼 수 있다. 그래서 의미를 파악하기 위해서는 문맥에 대한 검토가 필수적이다. 문맥 안에 놓인 문장의 의미를 찾아내려는 노력으로 크게 두 가지, 통시적 접근diachronic approach과 공시적 접근synchronic approach을 들 수 있다. 통시적 접근은 현재 우리가 지닌 본문의 최초 형태는 어떠했으며, 어떤 과정을 거쳐 최종 본문 형태로 이르게 되었는지를 검토하는 역사비평historical-critical approach으로 대표된다. 본문의 형성사에 대한 이와 같은 관심은 최종 본문과 같은 배열을 통해 본문이 말하고자 하는 바가 무엇인지에 대한 논의로 이어진다는 점에서, 최종 본문의 문맥에 대한 역사적 관심이라 표현할 수 있다.

한편, 공시적 접근은 본문의 형성사가 아니라 현재 앞에 존재하는 최종 본문 자체에 집중하면서 본문에 대한 문학적 수사적 검토를 한다는 점에서 '문학비평 literary criticism 혹은 이전의 '문서비평'과 구분되도록 '신문학비평[new literary criticism]' 이라 표현하기도 한다' 이라 불리기도 한다. 오늘날에 역사비평은 더 이상 제 역할을 할 수 없다는 주장이 간혹 제기되지만, 본문이 말하는 가능한 객관적 의미를 추구하는 노력에 있어서 역사비평은 여전히 제 역할과 자리가 굳건하다. 가령, 티슬턴: 52-57 역사비평은 본문이 어떻게 최종 본문과 같은 구성에 이르게 되었는지를 설명한다는 점에서, 문학비평을 더욱 풍성하게 한다. 무엇보다도 역사비평이든 문학비평이든 근본적으로 본문의 문맥에 대한 설명이라는 점에서 맥을 같이 한다고 볼 수 있다. 역사비평이 본문에 대한 역사적 연구를 통해 현재 존재하는 배열을 뒤바꾸는 제안을 할 수 있겠지만, 결국 본문의 문맥에 대한 이해라는 점에서는 변함이 없다. 이를 생각하면, 역사비평이든 문학비평이든 본문 자체에 대한 읽기라는 점에서 '문자적 의미' literal meaning에 기반을 둔 이해라고 말할 수 있다. 성경에 대한 보수적 입장의 접근법으로 흔히 언급되는 '역사적 문법적 읽기' historical-grammatical reading 역시 기본적으로는 본문에 대한 문자적 의미에 집중한다고 볼 수 있다. 본문을 분해하고 새로이 조립하는 역사비평적 읽기이든,

'세밀한 읽기'^{close reading}를 내세우는 문학비평이든, 본문이 말하는 바에 집중한다는 점에서는 서로 맥을 같이 하는 '문자적 의미'를 찾는 읽기이다.

문맥에 따른 이해는 가장 기본적이며 필수적인 이해이다. 문맥을 제대로 고려하지 않게 만드는 까닭 가운데 하나는 중요하다 생각되는 단어의 출현이다. 특정 단어가 성경 전체에 어떻게 사용되었는지 전체적인 고려가 반드시 필요하되, 그 특정 단어가 배치된 본문 안에서 어떤 문맥 속에 놓여있는지 세심히 살펴야 한다. 그렇지 않으면 특정 단어가 문장의 의미를 결정해버리는 최악의 이해가 생겨나곤 하며, 대개 혐오나 압제를 정당화하는 해석은 이런 이해에서 비롯되곤 한다.

2. 문맥에 따른 이해의 한계

제롬은 글자의 겉에 있는 잎을 벗겨서 본문 표면 아래에 있는 의미의 풍성한 골수를 찾는 것을 성경을 이해하는 것이라 여겼다.^{Levy: 1,7} 오리겐 역시 본문의 단어에 대한 설명, 역사적 문법적 분석, 문체에 대한 이해를 거치면 마침내 본문의 더 깊은 의미를 찾는 단계에 이른다고 보았다.^{Levy: 10-11} 본문이 말하는 문자적 의미를 넘어 더 깊은 의미를 추구한 초기 교부들의 이와 같은 노력은 본문이 말하는 표면적 의미를 찾는 것으로는 이해가 불충분하다 여겼음을 보여준다.

주전 2세기경에 활동한 것으로 여겨지는 아리스토불루스 Aristobulus는, 모세가 하나님에 대한 진정한 내용을 전달하기 위해 다른 사물이나 자연을 빗대어 이야기했기에 이해력이 없는 이들이 겉으로 쓰여진 본문의 글자에만 집중하게 될 때 그 어떤 고양된 것을 설명할 수 없다고 보았다.^{Fragment 2.3,5 in Holladay} 그는 하나님에 대한 적합한 개념을 파악하되, "신화적이고 인간적인 사고 방식"에 빠지지 말아야 한다고 충고한다.^{Fragment 2.2} 여기서 "신화적이고 인간적 사고 방식"이라는 표현은 유대인의 율법을 폄하하는 헬라 비평가들과 율법을 문자적으로 다루는 보수적 유대교 신앙인들 양쪽을 염두에 두었다고 볼 수 있다.^{헹엘: 175} 그래서 아리스토불루스는 올바르게 생각할 수 있는 사람이라면 모세의 지혜와 그에게 부여된 하나님의 영으로 인해 놀란다고 진술한다.^{Fragment 2.4} 그로부터 시작된 상징적 해석은 신인동형론神人同形論 anthropomorphism 을 변화된 시대 속에서 이해하려는 시도이며, 그가 간직하고 믿은 구약 율법이 헬레니즘의 시대에도 이방 문화를 향해서도 보편 타당한 진리임을 알리기 위한 노력이라고 할 수 있다. 그에게 있어서 구약 율법은 사람들이 이해할 수 있도록 고안된 표면적 의미와 그를 통해 전하고자 하는 참된 것으로 이루어진다. 이러한 이해는 필로Philo of Alexandria에게서 좀 더 전면적으로 등장한다. 그에 따르면 신인동형론적 표현은 "우리가 우리 바깥에서부터는 깨닫지를 못하고 우리 경험을 통해 창조되지 않은 것들을 파악하기 때문에, 단지 우리를 가르치기 위해 채택된 형식일 뿐이다."On the Confusion of Tongues 98 필로이건 아리스토불루스이건, 이와 같은 해석 노력은 오늘날 흔히 '알레고리적 해석'이라는 말로 표현할 수 있는데, 이러한 해석 방법은 구약 본문의 문자 너머의 의미를 찾기 위한 노력이며 근본적으로 구약의 보편 타당한 가치를 모색하는 노력이라 할 수 있다.

여기서 우리가 주목할 것은 아리스토불루스가 "신화적이고 인간적인 사고방식"이라 표현했고, 필로가 "경험"이라는 말로 구체화시킨 부분이다. 이에 따르면 구약 본문은 경험을 매개로 기록되었다. 그렇다면 성경을 이해한다는 것은 고대 사람들이 고대의 경험을 통해 서술한 내용을 읽으며 그러한 경험 너머의 본질적인 가르침을 찾는 것이라 할 수 있다. 물론 이러한 "경험"과 그를 통해 표현된 본질적 가르침을 칼로 무 베듯이 명확하고 명료하게 갈라내는 일이 쉽지 않지만, 본문을 이해한다는 것이 어떠한 과정을 거쳐야 한다고 보았는지는 분명히 알 수 있다. 본문이 고대의 경험을 통해 서술된다는 점은 오늘날 해석자들의 '본문은 주어진 역사적 맥락에 의해 규정된다' 는 말로 표현할 수 있을 것이다. 그렇다면 역사비평과 문학비평이 수행하는 과제는 역사적 맥락에 의해 규정된 본문의 표면적 의미를 밝혀내는 것에 그치며, 아리스토불루스 이래 필로와 제롬 같은 이들이 제기하는 본문의 더 깊은 의미에 대해서는 제대로 다루어내지 못한다고 볼 수 있다.

가령, 레위기 11장과 신명기 14장에 정한 동물과 부정한 동물 구분과 명령이 반복되었다는 점은 이와 같은 명령이 사소하거나 소홀히 다루어서는 안 되는 것임을 명확히 보여준다. 본문의 문맥에 따른 이해는 오해의 여지가 없이 명확하다. 그렇다면 오늘 우리는 이 본문의 엄중한 명령을 따라 먹을 수 있는 것과 그렇지 못한 것을 구분해야 하는가? 그렇지 않다면 언제부터 그렇게 실행하지 않아도 되는 명령이었을까? 흔히 신약 교회에 이르러 이러한 규례는 폐지되었다고 표현한다. 정확히 언제부터인가? 예수께서 아기로 태어나신 순간부터인가, 아니면 공생애를 시작하신 이후, 십자가에 죽으신 이후, 부활하신 이후, 언제부터인가? 혹은 오순절 성령강림 이후 교회가 생겨난 다음부터인가? 아니면 베드로가 부정한 짐승을 가득 담은 환상을 본 다음부터인가? 그러므로 본문의 문자적 의미 즉, 문맥에 따른 이해는 본문 이해의 첫 걸음에 불과할 뿐이다.

또 다른 예를 들어보자. 노예 제도에 대해 성경의 입장은 대체로 일관된다고 볼 수 있다. 구약 성경의 경우, 이스라엘 내부에서 노예 제도는 가능한 금지되되, 이스라엘 외부 사람을 대상으로 한 노예 제도에 대해서는 상관하지 않는다.레 25:39-46 이스라엘 안에서 종이 되었을 경우 칠 년째에는 해방되지만, 노예 제도 자체가 문제시되지는 않는다.출 21:1-11; 신 15:12-18 바울은 예수를 믿는 종을 향해 자유롭게 될 수 있는 기회가 있으면 자유케 되되, 기본적으로는 "부르심을 받은 그 부르심 그대로 지내라" 권한다.고전 7:20-24 빌레몬을 향해 그의 종 오네시모를 형제로 영접하기를 청하지만몬 1:8-22, 기본적으로는 종들을 향해 주께 하듯 주인에게 복종하라 권한다.엡 6:6-8; 골 3:22-25; 딤전 6:1-2; 딛 2:9-10; 참고. 벧전 2:18-20 구약과 신약은 노예 제도에 대해 일관된 입장을 지니지만, 이러한 내용은 앞에서 본 대로 이해를 돕기 위해 "인간적 사고 방식" 혹은 "경험"에 빗대어 표현된 것일 뿐이다. 그러나 이 점을 고려하지 않고 본문이 말하는 바에 충실 하려는 문맥에 따른 읽기는 노예 제도를 폐지하려는 근대 이후의 움직임에 수동적이고 방어적으로 임할 수 밖에 없다. 노예 제도뿐만이 아니라, 여러 사회적 관습에 대해 교회는 대개 사회 전체의 변화보다 몇 걸음 뒤쳐져서 걷기 마련이다. 교회가 기득권을 지닌 집단으로 변화한 까닭에 변화에 뒤쳐지는 경우들도 상당하지만, 성경 본문의 문맥에 따른 이해에서 필연적으로 생겨나는 현상일 수 있기도 하다. 보수적 미국 남부 교회가 노예 제도 폐지를 반대한 것과 역사비평이 활발하던 독일 학자들이 유대인과 동성애자를 배제하고 탄압했던 히틀러 체제를 지지한 것은 그런 점에서 결이 같다.

두 사례에서 본 것처럼 문맥에 따른 이해는 본문 이해의 첫걸음이라 할 수 있다. 레위기 사례는 본문이 규범으로 명령하는 경우의 예이고, 노예 제도 사례는 비록 종으로 순종하라는 명령이 있기는 하지만 본문 자체가 노예 제도 자체에 대해 암묵적으로 전제할 뿐 어떤 규범으로 삼지 않은 예이다. 어느 경우이든 문맥에 따른 이해는 이해의 첫걸음이며, 여기에 마땅히 수반되어야 하는 질문은 '그래서 오늘 우리는 어떻게 해야 하는가?' 이다.

3. 성경 주해와 해석

주석과 주해, 강해, 해석 같은 표현들은 명확한 의미 구분 없이 사용하는 이들에 따라 자유롭고 폭넓게 쓰인다. 그러나 어떤 용어로 표현하건, 본문 자체가 말하는 문맥에 따른 이해를 위해 본문을 탐구하고 설명하는 단계와 그렇게 밝혀진 본문의 의미가 오늘 독자와 청중에게 무슨 의미를 가지는가를 설명하는 단계, 두 단계로 본문이 오늘과 연결된다는 점은 분명할 것이다. 이 글에서는 본문의 문맥에 따른 의미를 밝히는 작업을 주석^{註釋}/주해^{註解 exegesis}라고 부르고, 본문의 의미가 오늘의 현실에 어떻게 연관되는가를 살피는 작업은 해석^{解釋, interpretation}이라고 부른다.

티슬턴^{A. Thiselton}은 이러한 해석 작업을 '지평 융합'이라는 가다머^{Hans-Georg Gadamer}의 말로 표현한다.^{티슬턴: 47} 텍스트가 주어진 역사적 맥락 안에 놓여 있을 뿐 아니라, 텍스트를 해석하는 해석자 역시 "특정한 역사적 맥락" 안에 놓여 있으며, 이 "두 지평" 사이에 상호 교통이 일어날 때 두 지평의 융합이 일어나며 이해가 발생한다는 것이다.^{티슬턴: 40-48} 이와 같은 진술은 우리가 읽는 본문이 특정하고도 구체적인 역사적 맥락 안에 놓여 있음을 보여주면서, 이 본문을 읽는 우리 역시 진공 상태에 있지 않고 "전이해"^{前理解, Vorverständnis}라는 말로 학자들이 표현하는 특정한 맥락을 지니고 있음을 보여준다. 흔히 품기 쉬운, **'신구약 성경은 시간을 초월하는 하나님의 진리를 전한다'는 생각이 '해석'이라는 것이 불필요하다는 주장을 낳게 하지만, 이와 같은 진리관은 그리스 철학에서 나온 것일 뿐 성경과는 무관하며, 세대의 흐름에 따라 성경이 가르치는 진리를 해석하고 현실화하려는 시도는 필수적이라 할**

수 있다.티슬턴: 159-164 해석과 연관하여 '해석학적 순환' 이라는 개념을 이해하는 것도 필수적이다. 이것은 "언어나 문헌의 구성 부분을 이해해야 그 언어나 문헌 전체를 이해할 수 있지만 거꾸로 전체보다 더 작은 부분인 그런 구성 부분을 이해하려면 전체 내용을 모두 이해해야 한다는 원리다."티슬턴: 172 해석학적 순환은 우리가 왜 본문을 여러 번 거듭해서 읽어야 하는지를 알려주면서, 개별 본문으로부터 규칙을 발견하고 전체 본문에서 규칙을 확인하며 수정하고 그렇게 수정된 원리로 개별 본문을 다시 들여다보아야 하는 작업이 정당한 해석학적 작업임을 알려준다. **신구약 성경의 개별 본문은 신구약 성경 전체가 근본적으로 말하고 있는 원칙 혹은 원리에 일치해야 한다.**

정확하게 일치하게 설명하기는 쉽지 않지만, 이미 성경 안에는 후대의 신앙 공동체가 이전에 내려오는 규범적 전통을 자신들의 맥락 안에 변화하여 수용함이라는 "지평 융합"을 보여주는 해석 작업이 존재한다. 이방인 문제에 대한 1세기 교회의 대응은 그 대표적 사례이다. 이방인 문제에 대한 첫 교회의 해석을 사도행전 10장에서 볼 수 있다. 본문에 실린 베드로의 환상은 레위기 11장과 신명기 14장을 전제한다. 고대 이스라엘의 정결 규례와 연관하여 이 본문은 "하나님께서 깨끗하게 하신 것을 네가 속되다

하지 말라"는 소리[행 10:16; 11:9]로 결론짓는다. 이 환상의 의미가 무엇인지 의아해 하던 베드로는 마침 자신을 초대한 이방인 백부장 고넬료를 만나고서는 자신이 본 환상을 "하나님께서 내게 지시하사 아무도 속되다 하거나 깨끗하지 않다 하지 말라" 하신 것으로 이해했다.[행 10:28] 동물을 둘러싼 환상이지만 베드로는 사람에 대해 말씀하시는 것이라고 깨달았던 것이다. **레위기 말씀에 대한 새로운 깨달음이 생긴 직접적인 원인은 이방인, 달리 말하면 낯선 사람, 새로운 사람이었다.** 그래서 그는 고넬료의 집으로 서슴없이 갈 수 있었고 그 곳에서 하나님께서 "각 나라 중 하나님을 경외하며 의를 행하는 사람은 다 받으시는 줄" 깨달았으며[행 10:35], 그들에게도 성령이 부어지는 것을 발견하였다.[행 10:44-46] 이방인은 고대 이스라엘에서 야훼의 율법의 일차적인 대상이 아니었다. 근본적으로, 레위기 체계에서 이방인과 부정은 동의어라고 할 수 있다. 레위기 11장이 이야기하는 정-부정 체계에서, 제사용 동물[소, 양, 염소, 비둘기]-먹을 수 있는 정한 동물-먹지 못하는 부정한 동물과 같은 동물 구분 체계는 제사장-이스라엘-이방인과 같은 사회의 구분 체계에 대응된다고 볼 수 있다.[Milgrom 1999: 721-726] 이것이 레위기 본문이 고대 이스라엘에서 사용되고 적용되고 유통되는 방식이다. 그런데 사도행전 10장 사건에서 베드로는 고넬료의 집을 둘러싼 사건을 통해 구약 본문이 말하는 그 본질적인 의미를 깨달은 것이라 볼 수 있다.

사도행전 15장의 예루살렘 공의회에서도 베드로의 경험과 판단이 중요한 역할을 한다. 구약 성경과 그에 따른 신앙은 모세율법에 기반을 둔다. 그런데 처음 교회에 이방인들이 예수 그리스도께로 돌아온 사건이 있었고, 이들에게 모세 율법을 어떻게 적용시킬 것인가라는 문제를 두고 논란이 벌어졌다. "많은 변론이 있은 후에" 베드로는 다음과 같이 말하였다.

> "… 또 마음을 아시는 하나님이 우리에게와 같이 그들에게도 성령을 주어 증언하시고 믿음으로 그들의 마음을 깨끗이 하사 그들이나 우리나 차별하지 아니하셨느니라 그런데 지금 너희가 어찌하여 하나님을 시험하여 우리 조상과 우리도 능히 메지 못하던 멍에를 제자들의 목에 두려느냐 그러나 우리는 그들이 우리와 동일하게 주 예수의 은혜로 구원 받을 줄을 믿노라 하니라" 행 15:8-11

1세기 교회는 이방인의 회심이라는 특수한 상황을 만났고, 이 상황 속에서 베드로는 이방인과 유대인 모두에게 하나님께서 성령을 주시고 믿음을 주셨음에 주목한다. 구약의 의미를 따르면 이방인과 유대인은 확연히 구분되되, 베드로는 이방인이 가진 "믿음"에 주목하며 하나님께서 그들을 차별하지 않으셨다 선언한다. 이를 보면, 1세기 교회는 구약을 간직하되 그 말씀의 표면적이고 문맥에 따른 의미에 묶여 있지 않고 거침없이 새로운 상황에 적용하고 적응했던 것을 볼 수 있다. 그래서 교회는 이방인들에게 "우상의 더러운 것과 음행과 목매어 죽인 것과 피를 멀리하라"는 권면만을 전하기로 결의한다.^{행 15:20} 같은 규정이 다른 본문에서는 순서와 표현이 조금 바뀌어 "우상의 제물과 피와 목매어 죽인 것과 음행"을 멀리 하라로 표현된다.^{행 15:29; 21:25} 이를 고려하면, 1세기 교회가 고민했던 "모세의 율법"과 "우리 조상과 우리도 능히 메지 못하던 멍에"는 율법이 요구하는 '외적 표지'를 가리킨다고 볼 수 있다. 사실, 예루살렘 공의회가 열린 근본적인 이유도 바리새파 중에 어떤 믿는 이들이 이방인 그리스도인 역시 할례를 받아야 한다고 주장한 것이기도 하다.^{행 15:1,5} 그러므로 여기서 문제가 된 것은 모세 율법이 전하는 전부라기보다 모세 율법에서 하나님 백성의 정체성을 표현하는 외적 표지에 대한 것이라 볼 수 있다.

예루살렘 공의회에서 네 가지 멀리 할 것이 결정되지만, 이 결정 역시 공동체에게 영원한 구속력을 가진 것이 아니었다. "우상의 제물"에 대해 바울은 고린도전서 8장과 10장에서 길게 다룬다. 그에게 우상의 제물은 아무 것도 아니되 오직 중요한 것은 함께 하는 형제에 대한 사랑이었다. 그러므로 바울로 대표되는 신앙 공동체는 공의회의 결정에 대해서도 자유로웠고 공의회의 결정을 상황과 연관하여 달리 적용될 수 있는 문제라 여겼다. 그들에게는 참으로 '해석의 자유'가 있었고 그러한 해석의 자유가 발휘된 결정적인 계기는 '새로운 상황', '새로운 경험', 그리고 이방인이라는 새로 접하게 된 낯선 이웃을 향한 사랑이었다. 달리 말해, 해석자의 지평이 처한 역사적 맥락이 텍스트가 처한 역사적 맥락과 만나면서 고대의 본문이 해석자의 시대에 해석되어 적용된 것이라 볼 수 있다.

본문이 특정한 역사적 맥락 안에 놓여 있다는 해석학의 기본적인 진술을 다음과 같은 바울의 언급을 통해서 비추어 볼 수 있다.

"우리는 모세가 이스라엘 자손들에게 장차 없어질 것의 결국을 주목하지 못하게 하려고 수건을 그 얼굴에 쓴 것 같이 아니하노라 그러나 그들의 마음이 완고하여 오늘까지도 구약을 읽을 때에 그 수건이 벗겨지지 아니하고 있으니 그 수건은 그리스도 안에서 없어질 것이라 오늘까지 모세의 글을 읽을 때에 수건이 그 마음을 덮었도다 그러나 언제든지 주께로 돌아가면 그 수건이 벗겨지리라 주는 영이시니 주의 영이 계신 곳에는 자유가 있느니라"고후 3:13-17

모세의 얼굴의 영광은 일시적인 것이며 장차 없어질 것이고, 다만 그 순간에 찬란히 빛났던 것이다. 인용한 본문 앞 단락에서 바울이 언급하는 "율법 조문은 죽이는 것이요"고후 3:6와 "돌에 써서 새긴 죽게 하는 율법 조문의 직분도 영광이 있어"고후 3:7, "모세의 얼굴의 없어질 영광"고후 3:7과 같은 표현이 그렇게 일시적인 영광을 가리킨다고 볼 수 있다. 일시적이며 장차 없어질 영광에 현혹되지 않게 하려고 그 얼굴에 수건을 덮었던 것인데, 바울이 보기에 여전히 사람들은 수건을 덮은 채로 구약 혹은 모세의 율법을 읽는다. 그런데 주께로 돌아가면 수건이 벗겨지고, 주님의 영이 있는 곳에 자유가 있다.고후 3:16-17 주의 영으로 보는 것은 자유와 연결된다. 그럴 때, 수건을 덮고 구약을 읽는다는 것은 구약을 여전히 "율법 조문"으로 읽는 것, 이제까지의 논의를 따르자면 '표면적 의미', '문자적 의미'로만 읽는 것과 대응된다고 설명할 수 있다. 그리스도께로 가면 수건이 없어진다고 했는데, 이를 달리 표현하면 "주의 영"을 따라 "자유"를 따라 구약 본문을 읽는 것이라 말할 수 있을 것이다. 예루살렘 공의회에서 모인 이들이 레위기의 말씀이 의미하는 것을 훌쩍 뛰어넘을 수 있었던 것도 이들이 수건을 덮은 채로 보지 않고 성령을 따라 이해했기 때문일 것이다. **그래서 '성령의 내적 조명이 필요하다'는 진술은 확립된 교리를 단번에 넘어서게 한다.** 로저스: 127-128

4. 보편과 특수, 추상과 구체, 개념과 사건

용비어천가나 삼국유사를 읽을 때와 달리, 성경은 현대어로 완전히 번역되어 있다 보니 우리는 마치 그리 오래 되지 않은 시절이나 요즘 시대를 다루는 글처럼 성경을 읽곤 한다. 하지만 성경에 포함된 내용 가운데 가장 빠른 것이 지금부터 거의 2천년 전을 배경으로 한 내용이라는 점에서, 성경은 수천 년의 세월을 건너 우리에게 말하는 책이다. 당연히 이 책에는 수천 년 전의 관습과 사고방식, 당시의 역사와 역사에 대한 이해, 그리고 세상에 대한 당시의 과학적 이해 등이 가득 들어 있다. 물론 당시 사람들이 생각했던 세상에 대한 과학적 이해는 오늘 현대 과학 시대를 살아가는 우리들에게는 '신화적' 이해라고 여겨진다. 그렇지만 그러한 이해가 본문이 놓여 있는 "지평"이라 할 수 있다.

성경에 당시의 세계관과 관습, 역사에 대한 이해가 있음을 아는 것은 매우 중요하다. 하나님의 말씀은 추상적이고 몰역사적인 단어나 문장, 문맥이 필요 없는 문장으로 전해진 것이 아니라, 지금 본문에 반영되고 전제된 역사와 관습, 사고방식에 기반한 틀을 통해 전해졌다. 영원하신 하나님의 진리는 당시의 시대와 관습, 세계관 그리고 문학 양식이라는 '전달 수단' vehicle을 통해 표현되면서 구체화되고 역사화되고 현실화되었다고 말할 수 있다. 즉, 이러한 '전달 수단'은 하나님의 진리를 현실이 되게 하며 당시의 사람들로 이해하고 납득 가능하게 한다는 점에서, 말씀을 '육체가 되게 한다'고 할 수 있다. 말씀이 육신이 되어 우리 가운데 거하시니 우리가 그 영광을 볼 수 있게 되었다.요 1:14

전달 수단의 중요한 의미와 더불어 이러한 전달 수단이 진리 자체가 아니라는 점도 유의해야 한다. 예수께서 유대 남성으로 오셨음이 하나님의 정체의 본질을 말하지는 않는다. 예수께서 갈릴리에서 사역하셨다는 것이 온 세상의 중심이 갈릴리라는 특정 지역임을 말하는 것이라고는 볼 수 없다. 예루살렘 성전이 하나님의 집이었다고 해서, 오늘날에도 예루살렘이 매우 특별한 의미를 지닌다고도 볼 수 없을 것이다. 우리는 전달 수단과 그를 통해 전하시는 하나님의 뜻을 혼동하지 말아야 한다. 여호수아가 태양아 멈추어라 외쳤다고 해서, 성경이 당연하게 여긴 천동설을 오늘날의 진리로 받을 수는 없으며, 엿새 동안 세상을 창조하셨다는 창세기 1장의 진술을 오늘날의 24시간짜리 6일 동안 세상을 지으셨음을 의미하는 것으로 받을 수도 없다. 모든 이가 죽으면 스올로 내려간다는 구약의 진술이 오늘 우리로 하여금 땅 속 어딘가에 죽은 자가 모이는 영역이 있음을 받아 들이게 하지는 않는다. 마찬가지로, '하늘 위의 하늘'과 같은 표현을 두고 지구 대기권 밖에 어떤 하나님의 공간이 있다고 믿을 수는 없을 것이다. 이러한 표현들은 구약 시대 고대 이스라엘과 중동 지역 사람들의 우주관을 반영한 표현일 따름이다.

이렇듯, 구약 성경은 하나님의 진리와 그 진리를 표현해낸 당시의 세계관과 관습, 우주관이라는 '전달 수단'을 함께 담고 있다. 그래서 성경을 오늘 읽는다는 것은 그러한 전달 수단과 결합하여 전해진 본문에서 본질적이고 근원적인 메시지가 무엇인지 파악하려는 노력으로 나타난다. 그리고 그러한 메시지는 당연히 오늘 우리 시대라는 전달 수단, 우리 시대의 특정한 역사적 맥락을 통해 표현되고 구체화되어야 한다. 이를 달리 보편과 특수, 추상과 구체, 개념과 사건 같은 말로 표현할 수 있다. 보편적이고 추상적인 개념은 시대를 초월해서 타당하다. 그러나 그러한 보편적이고 추상적인 개념은 언제나 특정한 시대의 구체적이고 특수한 사건과 결부되어 표현되지 않으면 현실에서의 설득력이나 힘을 잃게 된다. 구약과 신약의 거의 모든 글들은 항상 "특정한 역사적 맥락"을 배경으로 한다. 그런 "특정한 역사적 맥락"이 없다면 예언자의 선포는 제대로 이해될 수 없다. 아울러 오늘의 독자는 특정한 시대를 배경으로 한 구체적 선포를 통해 보편적 진리나 가치가 무엇인지 모색할 필요가 있다. 그렇지 않으면 특정한 시대에 해당되던 말을 모든 시대의 것으로 그릇되게 적용할 위험성이 생긴다. 결국 **성경을 읽고 이해한다는 것은 보편과 특수 사이를 반복해서 오가는 작업이며 본문과 우리 시대의 "특정한 역사적 맥락"을 살피는 작업이라 할 수 있다.**

그러면 본문과 해석자가 놓여 있는 "특정한 역사적 맥락"에는 어떤 요소가 있을까? 여기에는 본문과 해석자가 살아가는 시대의 기본적인 과학기술이 당연히 포함될 것이다. 고대 이스라엘은 천동설과 산 자들의 땅의 영역, 죽은 자들의 땅 아래 영역, 하나님이 거하시는 하늘 위의 하늘 영역과 같은 셋으로 구분되는 우주이해를 지녔고, 이러한 이해는 구약 본문을 이해하는 기본 전제일 것이다. 아울러 성경 본문의 시대나 오늘 우리 시대가 살아가는 **시대적·문화적 배경**도 '역사적 맥락'으로 고려되어야 할 것이다. 여기에는 성경 본문의 배경이 되는 그 시대의 역사가 포함될 뿐 아니라, 성경 시대의 문화 역시 고려 대상이 된다. 가령, 이스라엘 남자가 결혼하지 않은 여성을 강간했을 경우 그는 반드시 그 여인을 아내로 삼아야 하고 여인의 부모에게 돈을 지불해야 하며 평생 버리지 말아야 한다는 규정신 22:28-29은 오늘날 사람들에게는 납득되기 어렵고 적용될 수 없는, 고대 문화를 배경으로 한 진술이다. 여기에서 중요한 것은, 그러한 문화가 아니라 그 문화를 배경으로 말하고 있는 본질적 의미이다. 아마도 그것은 여성의 사회적 지위가 그야말로 벼랑에 놓여 있던 고대 가부장제 사회에서 여성을 보호하고 지키기 위한 의도였을 것이다.박유미: http://www.newsnjoy.or.kr/news/articleView.html?idxno=220753 앞서 살펴보았지만 정한 짐승과 부정한 짐승 구분 역시 고대 이스라엘의 문화를 전제한 규정이라 할 수 있다. 여러 아내를 둘 수 있는 결혼 제도 등에도 고대 문화가 전제되어 있다. 이와 같은 내용은 성경에서 규례와 법도와 연관된 명령으로 제시된다 하더라도 오늘날에 그렇게 따를 수 없는 것들이다. 이와 같은 명령은 당대의 문화에서 용납되고 납득될 수 있는 것이되 오늘날에는 그렇지 않다. 율법을 적용하기 위한 체계는 문화적이어서 시대에 따라 달라질 수 있지만, "율법의 정신은 초 문화적인 것이어서 어떤 시대에든 지속된다"고 표현할 수도 있을 것이다. 박정관: 239; 성경해석에서 "문화상대주의" 원칙을 적용하는 것에 대해
박정관: 470-479을 보라

특정한 역사적 맥락으로 고려될 또 다른 사항으로는 **각 시대
의 세계관**을 들 수 있다. 세계관은 세상과 사회, 개인을 보는 시각
과 연관되어 있다는 점에서 고대적인 것이라 간단히 말하기 쉽지
않다. 세계관 부분은 앞서 언급한 문화와도 연결되어 있다. 가령,
강간당한 여성을 어떻게 대할 것인가에 대한 신명기 본문은 남자
어른이 집안의 모든 것을 결정하고 좌우하는 가부장제 patriarchy 를
전제로 한다. 가부장제는 구약뿐 아니라 신약 성경에서도 당연한
듯이 전제되어 있다. 바울 서신에 나오는 여러 '가정 교훈' Haustafel
에는 1세기 로마의 가부장제가 전제되어 있다. 여자가 남자를 주
관하지 못하며 여자는 교회에서 잠잠해야 한다는 바울의 여성관
역시 1세기 로마 시대 세계관을 배경으로 한 가르침으로 이해해
야 할 것이다. 고대의 과학이나 문화가 전제된 본문을 표면적 의
미 그대로 오늘날에 적용할 수 없듯이, 세계관이 전제된 본문 역
시 그대로 적용할 수는 없다. 고대 세계의 세계관이라는 수단을
통해 본문이 무엇을 말하는지, 그 본질적 의미를 파악하려는 노
력이 우선이다. 세계관이 전제되어 있는 구약과 신약의 본문에
서 고대의 세계관 내지는 가치관을 명확히 잘라내고 구분하는 것

은 결코 쉽지 않은 작업일 것이다. 그러나 그렇게 구분하기 어려운 것을, 구분해서는 안 되는 것이라고 생각하는 것은 적합하지 않다. 어렵지만 이런 작업을 수행하지 않으면 고대의 세계관을 수천 년이 지난 오늘날에도 고수하게 된다. 하나님의 말씀을 영원한 진리로 고백할 뿐 아니라, 고대 이스라엘과 1세기 로마의 문화와 세계관을 영원한 진리로, 정경正經으로 고백하는 무참한 오류가 발생한다.

사람들이 무엇을 결정할 때 옳다, 그르다라는 판단의 기초로 삼는 것을 "도덕적 권위"라는 말로 표현할 때, 사람들은 "외부적이며external, 정의할 수 있는definable, 초월적이며transcendent 객관적이고objective … 변하지 않는unchangeable" 것을 도덕적 권위의 근거로 삼는다. Thomas and Olson: 241 이러한 근거로 성경을 가장 절대적인 기준으로 내세우게 되지만, **성경은 앞서 본대로 특정한 역사적 맥락 안에 놓여 있음으로, 성경은 절대적인 기준이 될 수 있으되, 그 문자는, 표면적 문자적 의미는 절대적일 수 없다.** 또한 Nissinen: 126 **성경 저자들이 그 배경으로 설정하며 그 속에 살며 전제되어 있는 문화와 세계관까지 '절대적 기준'으로 받게 되면, 무수한 끔찍한 해석을 초래하게 된다.** 그리고 해석의 참혹함에서 그치지 않고, 성경을 따르려는 매우 선한 의도에도 불구하고 실제 살아가는 사람들의 삶을 참혹하게 짓밟고 유린하는 데로 이어진다는 점에서, 이 문제는 무척 심각하다.

사례: 가부장제와 남녀의 보완

이와 연관한 구체적 사례로 가부장제에 대해 좀 더 논의해 보자. 가부장제는 구약과 신약에 일관되게 전제되어 있다. 그리고 이러한 가부장제는 남녀가 서로 보완하도록 지어졌다는 '젠더 상호보완성' gender complementarity을 전제하며 남자와 여자 사이에 질서 hierarchy가 있다는 것을 전제한다.Brownson: 17-19 가령, 여자는 남자를 원하고 남자는 여자를 다스릴 것이다.창 3:16; 남자의 머리는 그리스도요 여자의 머리는 남자고전 11:3; 남자가 여자에게서 난 것이 아니라 여자가 남자에게서 났으며 여자가 남자를 위하여 지음 받았다.고전 11:8-9; 여자가 가르치는 것과 남자를 주관하는 것을 허락하지 않는다.딤전 2:12 칼빈의 경우, 디모데전서 구절을 풀이하면서 여자는 "자연적으로by nature, 즉 하나님의 율법에 의해 복종하도록 지어졌으며, 여자의 다스림은 모든 지혜로운 사람들에게 괴물 같은 일이라 여겨졌다"고 언급하기도 한다.Calvin: 42 그래서 적지 않은 신학자들과 목사들은 가부장제를 하나님의 의해 의도된 질서라고 주장하기도 한다.Brownson: 20 각주 5에서는 이에 속하는 대표적인 학자로 웨인 그

루뎀과 케빈 드 영을 들고 있다 가부장 질서가 계속된다고 주장하는 이들은 남녀 사이에 질서가 있지만 그것이 서열 같은 것이 아니며 '영적으로는 평등' 하다는 말을 강조하되, 이러한 영적 평등이 하나님께서 이 땅에 의도하신 남자와 여자의 특정한 역할 구분을 제거하지 않는다고 주장한다. Brownson: 67 이와 같은 주장은 근본적으로 **신구약 성경이 문화와 세계관이라는 역사적 맥락을 통해 표현되었다는 점을 제대로 인식하지 않은 데서 비롯된다고 할 수 있다.**

첫 교회는 유대인-이방인 구분이라는 구약의 명확한 진술과는 다른 상황에 봉착했고, 구약 본문에 대한 성령을 따른 해석 가운데 이방인도 부정하거나 속되지 않은 이들임을, 하나님께서 전혀 차별하지 않으심을 확인하였다. **첫 교회로 하여금 그러한 해석의 자유를 행할 수 있게 한 것은 본문에 대한 깨달음이 먼저가 아니었다. 그것이 가능해진 것은 상황의 변화, 경험의 변화이다. 새로운 상황이 주어진 본문을 새로이 읽게 한 것이다.** 그 새로운 상황의 중심에는 '이방인 그리스도인' 이라는 낯선 존재의 등장이다. 이러한 새로운 읽기는 오래된 본문의 효력과 타당성을 사라지게 만들지 않고, 도리어 더더욱 간직하고 읽어야 할 책으로 만든다. 구약을 가리키면서 "모든 성경은 하나님의 감동으로 된 것" 이며 "하나님의 사람으로 온전하게 하며 모든 선한 일을 행할 능력"을 갖추기 위한 책이라는 선언^{딤후 3:16-17}은 첫 교회가 생생하게 살아있는 권위로 구약을 고백하였음을 보여준다. **새로운 경험과 상황이 본문 읽기를 새롭게 하는 것은, 본문을 경험에 얽매이지 않고, 모든 세대에 언제나 새롭게 살아있게 한다.**

바울이 살던 로마 제국은 황제를 정점으로 소수의 엘리트가 통치한 나라였으며 근본적으로 "남자가 지배하는 세상"이었다.^{Carter: 3-4} 노예 제도는 로마 제국의 핵심적인 체계였고, 노예는 온갖 종류의 일을 다 수행했는데, 땅을 경작하는 힘든 육체 노동, 집안일, 주인의 자녀 교육, 주인의 땅과 상업적 업무 관련한 비즈니스와 재정 관리를 비롯해서, 주인의 성적 욕구를 만족시키는 일까지 수행했다.^{Carter: 9} 바울에게 노예 제도와 로마를 이루는 기본 단위인 가부장제는 당연히 전제해야 하는 기본 질서라고 할 수 있다. 그러므로 유대인-이방인 문제와는 달리 가부장제와 노예 제도는 바울이 맞닥뜨린 심각한 현실이지 않았다. 사실, 가부장제는 2천년의 세월을 넘어 오늘날까지도 여전히 현실이며 이제서야 그에 대한 문제 제기가 본격적으로 이루어지는 상황이고, 노예 제도 역시 19세기 중 후반에 와서야 심각한 문제제기가 있었다. 이를 고려하면, 바울에게서 가부장제와 노예 제도에 대한 심각하고 진지한 성찰을 찾기는 어려울 것이다. 바울은 1세기 로마의 문화와 세계관을 그 "특정한 역사적 맥락"으로 삼아 영원한 하나님의 말씀을 전한 이였기 때문이다.

가부장제를 지탱하는 원리로서의 젠더 상호 보완성은 오늘날 더 이상 설득력이 없다. 남성과 여성 각각의 사회적 역할을 의미하는 젠더의 개념 자체가 시대마다 유동적이라는 사실은 '젠더의 상호보완성'이라는 개념이 오늘날 더 이상 유효하지 않음을 단적으로 보여준다. 아울러 개그논[Robert Gagnon] 같은 학자는 남녀의 상호보완성이 의미하는 것은 남녀 성기의 생물학적이고 해부학적인 적합함 그리고 출산을 위한 적합함이라고 강력하게 주장하는데[Gagnon 2001], 이와 같은 논리는 무수한 질문을 야기한다. 동성 성관계를 정죄하기에는 최적의 논리일 수 있지만, 삽입하지 않는 모든 애정 행위를 제대로 다룰 수 없는 논리이며, 두 사람의 사랑을 충분히 표현할 수 없는 논리이기도 하다.

창세기는 하나님께서 하나님의 형상대로 사람을 창조하되 남자와 여자로 창조하셨다고 선언한다.[창 1:26-27] 이와 같은 선언을 두고 세상에 존재하는 성[sex]은 남자와 여자, 두 가지 밖에 없다고 말할 수는 없다. 이미 구약에서도 남자도 여자도 아닌 존재에 대한 언급이 있으며[레 21:20 "고환 상한 자"; 신 23:1 "고환이 상한 자나 음경이 잘린 자"], 예수께서도 "어머니의 태로부터 된 고자"를 언급하신다.[마 19:12]

이와 같은 진술은 아마도 오늘날의 개념으로는 간성인間性人, intersex을 가리킨다고 여겨진다.Marchal: 35 개역에서는 잘 드러나지 않지만, 창세기 1:27을 직역하면 '하나님께서 사람단수형을 그의 형상대로 지으셨다. 하나님의 형상대로 그가 그를단수형 지으셨다. 수컷과 암컷으로 그가 그들을복수형 지으셨다' 가 된다. 하나님께서 사람을 지으시되 단수형으로 표현된 '그'를 지으셨다는 점에서 일찍부터 랍비들은 하나님이 최초에 자웅동체androgyne를 만드셨다고 주장하기도 했다.Gross: 71 바벨론 탈무드의 한 항목b. Yeb. 64a-b에서는 아브라함과 사라를 가리켜 '툼툼' tumtum; 성 정체성이 확정적이지 않은 사람이라 부르고 사라를 가리켜 '아일로니트' aylonith; 자궁이 없는 사람라 부르는데 이와 연관해 이사야 51:1-2을 인용한다.Gross: 71-72 랍비들은 할례를 행하면서 다양한 성 정체성을 지닌 아이들을 보았을 것이며, 아마도 그로 인해 이와 연관한 다양한 표현들이 랍비 문헌에 존재할 것이다.Stewart: 306; Genesis Rabba 8.1에서는 처음에 만들어진 사람을 샴쌍둥이처럼 "두 젠더를 가진, 문자적으로 두 얼굴을 가진" 사람으로 표현한다 그렇다고 신구약 성경이나 랍비 문헌이 남성과 여성이 아닌 다른 성이 존재한다고 주장한다고 말할 수는 없다. 이것은 고대 사람들의 관심사가 전혀 아니었기 때문이다. 성경의 시대 사람들에게 '양성' 은 그야말로 자명한 사실이었을 것이다. 그렇지만 성경을 비롯한 고대 문헌들에 남아 있는 저 같은 언급은 아주 일찍부터 남성과 여성 만으로 세상 모든 사람을 설명하기는 어렵다는 점이 관찰되고 인식되었음을 보여준다.

개역에서 "전도자"로 번역된 히브리말 '코헬렛'은 여성형 명사이다. 왜 전도서 기자는 스스로를 여성형 명사로 표현하는 것일까? 이것은 성별을 일부러 바꾸어 표현하는 '드랙 쇼' drag show 인가? Stewart: 308; Wernick: 60–62는 여성형 명사로 쓰인 '코헬렛'을 비롯해 일곱 가지 근거를 제시하며 그가 동성애자였음을 주장하기도 한다. 그러나 Lyons: 187–200은 이에 대해 조목조목 반박한다 에스더에서 모르드개는 주로 내시들과 어울리며, 미드라쉬에 따르면 그는 에스더에게 젖을 먹일 유모를 찾지 못했고 자신의 젖으로 에스더에게 젖 먹였다고 한다. Genesis Rabba 30.8; 미슈나에 따르면 남자의 젖은 정하다는 언급도 있다- m. Maks. 6.7 ; Stewart: 308 야곱은 요셉에게 "채색옷"을 입혔는데 창 37:3, "채색옷"은 왕의 결혼하지 않은 딸이 입는 옷이었다는 언급 삼하 13:18은, 야곱이 요셉을 딸처럼 옷을 입히고 키웠다는 의미인 것일까? 참고. 신명기 22:5은 남녀의 의복을 바꾸어 입는 것을 "여호와께 가증"이라고 규정한다

이와 같은 내용은 세상에 존재하는 사람의 성을 남자와 여자만으로 구분할 수 없음을 보여준다. 대부분은 그렇게 분류할 수 있겠지만, '**대부분**'에게 해당되는 분류를 '**모두**'에게 적용하는

것은 폭력적이며 원천적으로 소수의 사람을 배제하는 논리일 수밖에 없다. 그러므로 창세기 1:27은 세상에 남녀만이 존재한다고 말하는 본문이 아니라 세상에 존재하는 사람을 대표적으로 표현한 것이며, 생육과 번성의 관점에서 남녀를 도드라지게 표현한 것이라 여겨진다. 가령, 드프란자의 재미있는 지적처럼 창세기 1장에서 창조된 동물 분류에는 개구리와 같은 양서류는 없다; 스프링클: 113 그렇지만 이 본문에 근거해서 생육하고 번성하는 것이 사람의 최우선 목적인 것처럼, 그래서 남녀로 이루어진 결합이야말로 창세기가 말하는 하나님 형상의 본질이라고 말할 수도 없다. 그럴 경우, 결혼하지 않은 무수한 이들, 예레미야와 바울, 무엇보다도 이 땅에 사람으로 오신 예수는 하나님의 형상에 미치지 못하는 존재가 된다. 예수께서는 육신의 가족이 아닌 하나님의 뜻을 행하는 이들의 새로운 가족을 선언하셨다.마 12:46-50; 막 3:31-35; 눅 8:19-21 나아가 바울은 가능하다면 결혼하지 말 것을 권면하기도 했다는 점고전 7:8,32-34,38에서, 남녀의 결합을 두고 하나님의 형상이라 말할 수 없음이 분명해진다. 그렇다면 창세기 1장의 하나님 형상은 남녀의 결합보다는 두 사람 이상이 함께 살아가는 관계의 아름다움에 대한 선언이라 보는 것이 좀 더 타당할 것이다. 시편 133편은 함께 살아가는 아름다움을 노래하는데 여기서 형제들의 연합과 "영생"이 직접적으로 연결된다. 바울 역시 결혼보다는 교회의 하나된 연합을 강조하였다.가령, 갈 5:13-15; 엡 1:23; 2:20-22

그러므로 창세기 본문은 남녀의 결합을 이야기하지만 그것은 표면적인 의미이고 근본적으로는 공동체의 아름다움을 이야기한다고 볼 수 있다. 브라운슨James V. Brownson은 가부장제와 젠더 상호보완성에 대한 성경 본문이 근본적으로 말하는 바는, "1. 창 1-2장의 원 아담은 이분법적이거나 성적으로 결정되지 않은 존재가 아니다. 2. 창 2장의 초점은 남녀의 보완이 아니라 남녀의 유사함이다. 3. 남녀가 모두 형상으로 창조되었다는 것은 젠더의 보완이 형상을 완전히 표현하거나 구체화하기 위해 필수적이라는 생각이 아니라, 남자들과 여자들 모두에 의해 공유된 가치, 지배, 관계성을 전달하려고 의도했다. 4. '한 몸' 결합은 육체적 보완이 아니라 친족 같은 유대kinship bond이다. 그래서 한 몸 결합은 상호보완보다는 유사성과 상호순종에 기초한다"라는 진술로 정리한다.Brownson: 26-34 이와 같은 논의는 성경이 구체적 현실을 통해 전달하는 보편적 가치가 무엇인지를 잘 보여준다.

성경은 가부장제를 정당화시키며 규범으로 제시하는 글이 아니라, 우리가 오늘 어떻게 함께 살아갈 수 있을지를 증언하는 책이다. 에베소서에서 가족을 향한 권면5:22-6:9의 머리말로 놓인 것은 "그리스도를 경외함으로 피차 복종하라"[엡 5:21]이다. 남편과 아내를 향해, 부모와 자식을 향해 그리고 주인과 종을 향해 각각 권면하지만, 이 모든 관계를 관통하는 본질적 주장은 "피차 복종하라"이다. 그래서 이와 같은 진술은 이 모든 관계 안에 있는 '권력 관계'를 근본적으로 해체한다. 에베소서는 '좋은 권위'를 말하는 책이 아니라 '권위의 해체'를 말한다. 이것은, 세상 권력자들과 비교하시며 예수께서 이르신 바, '누구든지 크고자 하는 자는 섬기는 자가 되어야 한다'는 선포가 말하는 내용과 정확히 일치한다.[막 10:42-45] 그리고 "유대인이나 헬라인이나 종이나 자유인이나 남자나 여자나 다 그리스도 예수 안에서 하나이니라"[갈 3:28]는 바울의 선언 역시 맥을 같이 한다.

이전 세상에서 여성은 오직 남편을 매개로 공적 사회와 연결될 수 있었고, 출산과 남편과의 관계로 자신의 존재가 규정된다. 여성이 말할 수 있는 기회는 거의 주어지지 않고 자기 부인을 누이라 속인 세 번의 창세기 본문 모두에서 가장 끔찍한 일을 당하는 아내들은 아무런 대사가 주어져 있지 않고 오직 남편과 이방 지도자 사이의 대화로만 상황이 전개된다 사사기 19장에서 유일하게 희생당한 레위인의 첩 역시 한 마디의 소리도 지를 수 없었다. 오직 이 여성들은 희생당하고 나서야 그 사회의 참상을 고발하고 폭로하는 들리지 않는 소리를 지르게 되며 경종을 울린다. 오늘에도 다시 여성이 희생당하고 나서야 그들의 소리가 제대로 들려지게 되는 것을 반복할 수는 없을 것이며, 참고. "남성 중심 사회에서 여성은 피해자일 때만 주체가 되고 권력이 생긴다": 정희진: 148 이러한 반성은 우리로 하여금 우리에게 주어진 성경 본문과 그 안에 전제된 가부장제 본문을 그 당대의 특정한 역사적 맥락에 관한 것으로 달리 해석하게 만든다.

5. 구체적이고 특수한 본문을 판단하는 기준

역사적 맥락 안에 놓인 성경을 읽으면서 본문이 전제한 문화나 세계관을 인식하고 그러한 맥락을 통해 표현된 추상적이면서 보편 가지를 찾아가는 작업이 간단하지 않은 작업임은 분명하지만, 최소한의 가이드라인이라 할 수 있는 것은 존재한다. 성경 본문을 오늘의 현실에 적용하기 위한 기본 원칙과 연관하여 개그논 Robert A.J. Gagnon은 다음과 같이 매우 세밀한 내용을 제시한다. Gagnon: 341-342

1. 이 이슈가 성서에서 중요한 관심사의 문제인가?

1.1 성서에서 일관된 관점이 있는가?

얼마나 빈번히 다루어지는가? 그렇게 빈번하지 않다면, 그 덜 빈번함이 덜 중요해서인가 아니면 보편적 동의가 있어서인가? 성서의 다른 저자들이 다른 입장을 가졌을 것 같은가? 두 언약 사이에 연속성이 있는가?

1.2. 성서 저자에게 진지한 도덕적 이슈인가?

어기면 하나님 백성에서 추방되는가? 성서 저자 가운데 무관심거리로 간주하는 이가 있는가? 성서 저자가 그것을 신앙의 핵심 가치로 우선적인 것으로 여기는가?

2. 성서 증언이 오늘날 상황에서 타당하게 남아 있는가?

2.1. 성서가 응답하는 상황이 오늘날 상황에 필적할 수 있는가?

2.2. 성서 저자가 한 주장이 여전히 설득력 있는가?

2.3. 새로운 사회적 과학적 통찰이나 문화적 변화가 성서 증언을 무효화시키는가?

새로운 통찰이 성서 저자에 의해 전개된 주장을 직접적으로 다루는가? 이 새로운 통찰은 얼마나 확실한가? 성서 저자는 문화적 지평에 의해 제한되거나 잘 보지 못하는가?

2.4. 교회는 여러 세기에 걸쳐 그 문제에 대해 일관되고 강한 증언을 받아들였는가?

2.5. 교회에 계신 성령의 새로운 역사가 성서적 입장을 바꾸는

것을 정당화하는가?

성서적 입장은 사랑/정의라는 '더 무거운 문제들'에 맞서는가? 이 새로운 역사라는 것은 하나님 나라를 증진시키는가? 이 변화는 성서 입장의 완전한 뒤집기인가 아니면 단순한 교정인가?

이상의 질문은 전반적으로 우리가 물어보아야 할 것들이지만, 위와 같은 접근에는 근본적인 문제점이 깔려 있다. 성경 저자들에게 쟁점 자체가 아니었던 문제들이 많다. 노예제, 가부장제, 그리고 성소수자 문제도 그리 쟁점이지 않았다. 이러한 문제에 대해 성경의 입장은 대체로 일관되는데, 노예제 폐지와 가부장제 반대에 대해 거의 관심이 없는 채 당연한 질서로 여기고 논의가 진행되며, 오히려 그것을 견고하게 하는 권면이 이루어지기도 한다. 그러므로 이런 경우 성경의 일관성은 도리어 본문과 오늘 우리 현실 사이의 간격을 더 벌어지게 만들 수 있고 실제 역사에서 이 점은 확인되었다. 대체로 교회와 사회는 항상 현 상태를 보호하면서 잔인해지는 경향이 있고 Wilson: 201, 이런 경우 본문을 내세우는 교회는 새로운 변화에 잔인할 정도의 혐오를 표출하곤 한다. ' 새로운 사회적 과학적 통찰이나 문화적 변화' 에 대한 언급이 있지만,

고대 세계의 세계관에 대한 고려가 빠져 있다는 점은 위와 같은 질문이 본문을 해석하는 데 충분하지 않음을 보여준다. 개그논의 동성 관계에 대한 방대한 논의의 치명적인 문제점은 이와 같은 차원에 대해 인식하지 않는다는 점이다.

리처드 헤이스Richard B. Hays는 성경의 특정 본문을 윤리적 설명의 근거로 작동하게 하는 다섯 가지 다른 방식을 제시한다.Hays: 206 그 다섯 가지 방식은 도덕법, 원칙 혹은 이상, 당대의 경험에 대한 유비, 세계와 인류의 이해, 하나님 이해이다. 가령, 헤이스의 경우 로마서 1:26-27 본문을 검토하면서 이 본문에서 바울은 도덕법이나 원칙 혹은 이상을 말한다고 보지 않는다. 오늘날 경험에 대한 유비도 부적절하다고 보면서, 로마서 1장은 세계와 인류에 대한 이해, 그리고 하나님에 대한 이해를 보여준다고 여긴다. 그에 따르면 로마서 1장은 하나님을 경외치 않고 타락과 혼란으로 빠져버린 인간을 보이기 위해 비극적으로 혼동된 반역의 증상을 보이기 위해 동성 성행위를 다룬다는 것이다.Hays: 206-207 그러나 그의 '해석학' 역시 본문에 반영되어 있는 고대 세계관에 대해서는 제대로 다루어내지 않는다.

또한 성경과 오늘의 윤리를 이야기할 때, 구약과 신약이 일치되게 말하는 것을 교회 윤리의 기초로 삼는 경우가 종종 있는

데, 근본적으로 이와 같은 접근은 부적절하다. 왜냐하면 신약 성경의 기자들은 자신들의 기록으로 구약을 대체할 생각을 전혀 하지 않았기 때문이다. 아울러 신약 문헌은 근본적으로 1-2세기 교회에 발생한 문제와 상황에 대한 대응이라는 점에서, 구약이 다루는 모든 중요한 문제를 다 다룰 수도 없다. 국가에 대한 문제만 하더라도 이미 국가를 잃은 지 600년 가까운 세월을 지내며 당시에 로마 제국 치하에 살던 신약 기자들의 글에서 제대로 이 문제가 다루어지기를 기대하기는 어렵다. 구약과 신약의 일치되는 관점은 나름의 의미가 있을 수 있지만, 그것이 다른 내용들에 비해 보다 타당한 근거가 될 수는 없다. 신약에서는 제대로 다루지 않아도 구약 안에 담긴 무수한 진술이 오늘 우리에게도 여전히 타당하다.

앞에서 가부장제에 대한 논의에서 보았듯이, **당시의 문화와 세계관 안에 성경 진술이 존재하지만 그러한 진술 가운데 당시의 세계를 훌쩍 뛰어넘는 진술들이 존재한다. 현실은 그렇지 않지만, 다가오는 하나님의 나라에서 이루어질 모습으로 제시된 본문, 그리고 예수 그리스도의 주되심을 온전히 인정하는 상황과 연관된 묘사는 이 땅에 존재하는 신앙 공동체가 어떤 방향으로 걸어가야 할 지를 보여주는 지침이라 할 수 있다.** 이와 같은 진술들은 고대 시대를 비롯해서 오늘날까지도 완전히 이루어지지는 못한 상황에 대한 묘사라는 데에서 공통되며, 완전히 누리지는 못하지만 조금씩 맛보고 경험할 수 있다는 점에서도 공통된다. 자유인 남자에 의한 지배가 기본이던 로마 시대에 '주 안에서 남자와 여자, 주인과 종, 유대인과 헬라인이 하나' 라는 갈라디아 3:28의 선언은 대표적인 예라 할 수 있다. 그리고 "부활 때에는 장가도 아니 가고 시집도 아니 가고 하늘에 있는 천사들과 같으니라" 마 22:30; 또한 눅 20:35는 예수의 말씀 역시 사람이 어떻게 존재하는 것이 마땅한 것인지에 대한 종말론적 비전의 하나라 할 수 있다. Brownson: 80-81 이러한 종말론적 선언은 구약 곳곳에서 볼 수 있다. 사람이 하나님의 형상으로 창조되었다는 창세기의 선언 창 1:26-28; 5:1; 9:6; 참고. 시 8:1-9, 이리와 어린 양이 함께 뛰어 노는 세상 사 11:1-10, 보습과 낫의 나라 사 2:2-5; 미 4:1-5와 같은 묘사는 신구약 성경의 구체적이고 특수한 본문이 어떻게 해석되어야 할 지를 알려주는 척도 역할을 한다고 볼 수 있다. 종말론적 비전 역시 고대 사회의 농경이나 정치, 문화를 빌려 표현되는데 이러한 비전은 결국 성경 전체가 증언하는 핵심적인 가치를 그림 같은 말과 이미지로 구체화한 것이라고 볼 수 있다. 이러한 이미지, **보습과 낫의 나라, 이리와 어린 양이 함께 뛰어 노는 세상은 결국 서로 대접하는 세상, 섬기는 세상, 네 몸처럼**

사랑하는 세상을 가리킨다.

또한 신약 성경은 이미 방대한 구약 성경이 말하는 바가 본질적으로 무엇인지 요약을 제시한다. 가장 큰 계명을 묻는 율법학자와의 문답에서 예수께서는 하나님을 사랑하고 사람을 사랑하는 것이 계명의 핵심임을 분명히 하셨고^{막 12:28-34}, 바울 역시 온 율법은 네 이웃을 네 몸처럼 사랑하라 한 말씀으로 요약할 수 있다고 선언하였다.^{롬 13:8-10; 갈 5:14} 또한 예수께서 구약 전체를 반영하는 율법과 선지자라고 표현하신 '대접 받고자 하는 대로 대접하라'^{마 7:12} 역시 이와 맥을 같이 하는 말씀이라 할 수 있다. "율법의 더 중한 바 정의와 긍휼과 믿음"이라는 예수의 표현도^{마 23:23} 이 점을 명확히 보여준다. 그러므로 '이웃 사랑'은 신구약의 핵심이다.

아울러 여기에 반드시 함께 언급될 것이 '나그네'에 대한 신구약 성경의 일관된 강조이다. 하나님 백성으로서 이스라엘의 출발은 본토 친척 아비 집을 떠난 나그네 아브라함이며, 아브라함의 후손은 4백년의 세월 동안 애굽 땅에서 나그네로 살고, 가나안 땅에 들어가서 땅을 차지한 이후에도 여전히 나그네요 거류하는 자라는 정체성을 가질 것이 촉구된다.^{레 25:23} 십계명은 이스라엘이 종이었던 과거를 끊임없이 상기하게 하며, 신명기 십계명은 애굽에서 종이었던 점을 기억하고 다른 종과 나그네를 인도적으로 대할 것을 촉구한다.^{신 5:14-15} 특히 신명기 10:12-22에서는, 이스라엘의 하나님께서 그들을 택하신 것을 기억하라는 명령은 고아와 과부를 위해 정의를 행하시며 나그네를 사랑하시는 하나님께 대한 설명으로 이어지고 "너희는 나그네를 사랑하라"는 명령과 "네 하나님 여호와를 경외하라"는 명령으로 마무리된다. 하나님 사랑과 나그네 사랑이라 요약할 수 있는 이와 같은 본문은 신약이 요약하는 구약과 직접적으로 연결된다.

개별 본문이 과학, 문화, 세계관과 같은 특정한 역사적 맥락을 사용해서 표현되었을 때 이 본문이 말하는 그 본질적이며 보편적 가치를 발견하기 위해서는 성경 전체가 말하는 본질적인 가치에 견주어 보는 것이 중요하다. 이렇게 성경 전체를 통해 발견되는 핵심적 사고의 흐름이 세부적인 본문을 판단하고 해석하는 데에 기여한다는 점에서, 티슬턴이 말하는 대로 "해석학적 순환"이 발생한다. 사실, 성경 전체가 말하는 본질적 가치라는 말을 달리 표현하면 개별 본문이 놓여 있는 '가장 큰 문맥'이라 할 수 있다. '가장 큰 문맥'을 고려한다는 것은, 개별 본문이 특정한 역사적 맥락 안에 놓여있음을 인정하는 것이다.

성경은 문맥에 따라 이해되어야 하고 당시의 역사적 맥락-

과학, 문화, 세계관-을 고려하여 그 보편적이고 추상적인 개념을 찾아 오늘 우리 시대의 역사적 맥락 가운데로 해석되어야 한다. 구약과 신약 성경에 전제된 문화와 세계관을 따진다는 것이 성경을 상대화시키려는 것이라 여겨질 수도 있는데, 근본적으로 성경이 참으로 말하는 것이 무엇인지를 찾으려는 노력, 올바른 이해를 위한 노력이라고 해야 한다. 그 올바른 의미를 발견하고 오늘 우리의 삶을 성경에 근거하여 살아가기 위해 개별 본문을 판단할 기준이 필요하며 여기에 종말론적 비전, 보편적 가치가 중요하다는 것이다. 그래서 이러한 해석 작업은 막연히 모든 것을 헤집는 작업이 아니라, '이리와 어린 양이 함께 뛰어 노는 세상', '네 이웃을 네 몸처럼 사랑하라', '대접받고자 하는 대로 대접하라', '나그네를 사랑하라' 그리고 '피차 복종하라'와 같은 근본적인 기준에 근거하여 이루어지는 작업이다. 그리고 이 모든 것을 관통하는 표현을 '사랑'이라 말할 수 있다는 점에서, 이와 같은 근본 가치를 고려하여 개별 본문을 해석하는 과정을 '사랑의 해석학'이라 표현할 수 있다. '사랑하지 아니하는 자는 하나님을 알지 못하며' 요일 4:8, 사랑에 근거할 때 모든 두려움을 내어 쫓을 수 있다. 요일 4:18

2. 주해와 해석의 구체적 사례로서
동성 성행위 관련 본문

    본문 자체의 문맥에 따른 의미가 오늘 우리 현실에 적용되기 위해서는 해석 작업이 필요하다는 이제까지의 논의를 기반으로, 구체적인 사례로서 신구약 성경의 동성 성행위 본문을 검토하는 것이 이 글의 두 번째 과제이다. 오늘날 성경은 '동성애' homosexuality에 대해 무엇을 말하는가에 대한 논의는 신구약 성경에 있는 일곱 개의 본문창 19:1-11; 삿 19; 레 18:22; 20:13; 롬 1:26-27; 고전 6:9; 딤전 1:10에 기반을 두고 벌어진다. 이 본문을 근거로 동성애 문제를 논의하기 위해 가장 첫 번째 단계이면서도 가장 중요한 작업은 성경은 오늘날의 '동성애'에 대해 말하고 있지 않다는 점을 인식하는 것이다. '동성애'라는 용어는 1867년에 독일 의사에 의해 처음으로 고안된 용어이며, 독일 성과학을 정초했다는 크라프트에빙 Richard von Kraft-Ebing 이래 스스로를 독자적인 정체성으로 인식한 사람을 가리키는 말로 이 표현이 널리 쓰이기 시작했다.[김학이: 45-67] 고대 로마에는 동성애, 이성애, 양성애 같은 범주도 없고 시각도 없으며 오직 존재하는 것은 남자에게든 여자에게든-성기이건 항문이건 입이건- 삽입하는 남자다운 남자와 삽입 당하여 남성성을 잃어버려 비웃음거리가 된 남자가 있을 뿐이다.[Williams: 249] 그렇다면 '동성애' 라는 표현은 구약과 신약 본문에 나타난 현상을 설명하는 데에는 전혀 부적합한 단어이며, 구약과 신약 본문이 '동성애' 를 반대한다는 식의 결론은 근본적으로 현대적 개념을 고대 본문에 대응시킨 '시대착오적 표현' anachronism 이다. '동성애' 에 대해 구약과 신약이 다룬다고 여겨지는 내용은 모두 동성간에 이루어지는 성행위라는 점에서, 이들 본문은 '동성 성행위' same-sex intercourse 본문이라 분류하는 것이 타당할 것이다.

성경이나 다른 고대 문헌으로 오늘의 문제에 도움을 얻기 위해서는 오늘의 논의와 고대 자료 사이에 "충분한 상관 관계" sufficient correlation 가 있어야 한다는 합리적인sensible 해석학적 원칙에서 출발해야 하는데, 동성간의 사랑에 대한 성서의 진술은 희박하고 흩어져 있으며 모호하다.[Nissinen: 123] "성서와 고대 문헌에서 동성간 성관계는 개인의 정체성 문제가 아니라 사회적 역할과 태도 문제로 고려된다. 섹슈얼리티sexuality와 마찬가지로, "정체성"

은 오늘날의 시대에야 개념화된 추상적 개념이다.”Nissinen: 128 ‘일반적 동성애’라는 것은 없으며, 성경이 이 문제를 다룬다면 특정한 시대와 문화, 상황 속에서 다루는 것이지, 동성애 일반에 대한 진술이 아니다.Nissinen: 124 동성애를 다룬다고 여겨지는 일곱 본문의 경우 사랑이나 긍정적 감정은 전혀 언급되지 않으며, 사랑에 기반한 책임 있는 동성애 동반자 관계는 성경 본문에서 전혀 상상조차 되지 않는다.Nissinen: 124 바울은 동성 성관계에 오직 부정적이었지만 이를 두고 바울이 모든 동성 성관계를 어디서나 언제나 어느 형태건 정죄했을 것이라고 주장하는 것은, 문화제약적이며 나름의 전통을 지닌 어떤 헬레니즘 유대교의 도덕 코드에 기반한 주장을 성경의 권위로 뒷받침하는 것이 되어 버린다.Nissinen: 124

로마서에 근거해서 ‘동성애’에 대한 비판적 입장을 취하는 헤이스Richard Hays 역시 ‘성적 지향’sexual orientation은 구약과 신약 시대 저자들의 개념이 전혀 아님을 언급하면서, 헬레니즘 시기 저자들의 일반적인 전제는, 동성 성행위는 자기 만족을 위해 더 새롭고 자극적인 형태를 찾으려는 만족할 줄 모르는 욕망의 결과였다고 언급한다.Hays: 200 성경에 근거해서 가장 방대하면서도 포괄적으로 반동성애 입장을 피력한 개그논 역시 그의 책 첫머리에 동성애의 동기 문제가 구약 본문에서 전혀 다루어지지 않는다는 점을 지적하면서 자신의 쟁점은 '동성 성행위'이지, '동성애 지향'이 아님을 명확히 한다.[Gagnon: 37-38] 그럼에도 그의 책 전체에 걸쳐 곳곳에 '동성애'라는 표현이 무차별적으로 쓰이고 있어서, 독자로 하여금 고대의 동성 성행위에 대한 성경의 견해를 오늘날 동성애에 대한 성경의 견해로 이해하도록 교묘하게 이끈다는 점에서 꽤 비열한 방식의 서술이라 할 수 있다. 이 점은 리처즈[E. Randolph Richards]‒오브라이언[Brandon J. O' Brien]이 동성애를 다루는 부분에서 바울이 '게이' 용어를 쓰지 않았고 성 정체성에 대해 언급하지 않는다는 점에서 이러한 논의를 배제한다고 말하지만 여전히 바울이 공격하는 동성 성행위자를 '게이'라고 부르는 데에서도 나타난다.[리처즈-오브라이언, 169-176]

그때에도 오늘날과 같이 성 정체성이 다른 이들이 있었겠지만, 그들은 자신들의 정체성을 제대로 생각해볼 수 없었을 것이며 그들에 대한 타인의 시각 역시 그러했을 것이다. 그러므로 구약과 신약의 본문으로 동성애 문제를 판단하는 것은 근본적으로 부적절하다.[이민규: 301-338] 사실, 이 지점이야말로 성경에 입각한 동성애 논의의 출발점이라 할 수 있다. 이 점을 먼저 인정하고 시작해야 다음의 논의가 그 한계를 인정한 위에서 타당할 수 있다. 오늘날 성소수자 현실의 경우 성경 본문 자체에서 무엇을 끌어내기보다는 오늘 해석하는 공동체의 현실이 어떠하며 필요가 무엇인지를 살피며 성경의 관련 본문을 함께 다루는 것이 필요하다. 앞서 언급했듯이, 본문 해석에 변화를 가져오는 핵심적인 요인의 하나는 오늘의 경험, 현재의 해석자가 서 있는 지평에 대한 고려이기 때문이다. 오늘 우리 시대 함께 존재하는 동성애자, 성소수자에 대한 인식, 그 위에서 본문에 대한 이해로 나아가야 한다. 그래서 성경에서 우리가 보아야 하는 것은 사람에 대한 시각, 이웃에 대한 시각, 우리와 다른 낯선 사람에 대한 시각이다. 시대를 막론하고 흐르는 이 기본적인 시각이야말로 오늘날의 낯선 이웃 성소수자에 대해 우리가 어떻게 접근할 지를 판단하는데 도움이 될 것이다.

1. 창세기 19장

문맥에 따른 이해

동성 성행위가 처음으로 다루어지는 본문은 창세기이다. 이 사건을 둘러싼 문맥은 무엇인가? 99세의 아브람에게 나타나신 하나님은 그에게 "내 앞에서 행하여 완전하라" 명하시며 [창 17:1], 그로 말미암아 민족들과 왕들이 나오게 되리라 약속하신다. [17:6] "여러 민족의 아버지" [17:5]인 아브라함이 맞닥뜨린 첫 상황은 18장에서 볼 수 있는 나그네 환대이다. 이어지는 19장은 소돔 땅을 찾은 나그네에 대한 롯의 대접과 소돔 사람들의 대접을 대조시킨다. 20장은 블레셋 그랄 땅에 아브라함이 나그네로 머물게 된 사건을 다룬다. 그러므로 17장의 할례 이래, 18-20장은 '나그네 대접'이라는 주제로 한데 묶을 수 있다. 그들의 삶의 영역에 찾아온 나그네에 대해 아브라함, 롯, 소돔과 고모라 사람들, 그리고 블레셋 사람들은 어떻게 대하는가?

19장의 소돔과 고모라 본문 이전에 하나님과 아브라함의 대화 본문^{창 18:16-33}이 놓여 있다. 여기에서 아브라함에게 찾으시는 "정의와 공의를 행하는 삶"^{창 18:19}은 소돔과 고모라에서 들려오는 "부르짖음"^{창 18:20}과 나란히 놓여 대조된다. 정의와 공의를 요구하신 하나님께서 소돔에서 들려오는 부르짖음과 죄악이 사실 그대로인지 확인하기 위해 소돔을 방문하실 것이라는 18:21의 하나님 말씀은 소돔과 고모라 사건이 정의와 공의라는 판단 기준에 의해 다루어지고 있음을 잘 보여준다. 이러한 문맥 역시, 소돔과 고모라의 문제가 동성애 같은 것이 아니라, 정의와 공의 문제임을 명확히 보여준다. 그리고 정의와 공의가 제대로 시행되는가를 알아보기 위해 하나님께서 선택하신 방법은 나그네가 되어 그 성을 방문하는 것이다. 그 과정에서 아브라함을 만나고 롯도 만나며 소돔 사람들도 만난다. 그리고 그 점에서 각각의 대응은 확연히 다르다. 정의와 공의를 확인하는 가장 정확하고 명확한 방법은 나그네에 대한 대우라고 할 수 있다.

19장에 이어지는 20장은 블레셋 그랄에 내려간 아브라함과 그 아내 사라가 당하는 봉변을 다룬다. 아비멜렉은 아브라함의 아내 사라를 데려간다. 그러므로 이 본문에서의 쟁점 역시 나그네가 어떻게 짓밟히고 유린당하는가 이며, 나그네 유린이 나그네의 아내 약탈로 표현된다. 그리고 그에 대한 고발이 세 번이나 반복된 아내 약탈이다. 창 12:10-20; 20:1-18; 26:6-11

소돔 사람들이 자신들의 지역에 찾아온 나그네를 이토록 유린할 수 있는 것은 근본적으로 그들에게 힘 혹은 권력이 있기 때문이다. 소돔의 경우처럼 남자를 성폭행하려고 시도한 경우가 있는가 하면, 대개의 전쟁에서 이긴 쪽이 패배한 쪽의 재산을 약탈하고 여성을 유린하는 경우도 있다. 겉으로 드러나는 형태는 다르더라도 본질은 권력 관계라 할 수 있다. 사사기 19장 역시 권력 관계라 할 수 있다. 그리고 소돔에서건 기브아에서건 남자에게 닥친 위기는 여자를 내세움을 통해 해결하려는 일이 발생한다. 여기에서도 여자는 남자가 처리할 수 있고 제 마음대로 휘두를 수 있는 수단이라는 점에서, 권력 관계가 그 본질에 있다고 볼 수 있다.

그러므로 창세기 19장과 사사기 19장 본문은 문맥에 따라 살펴볼 때, '동성애'에 대해 무엇인가를 말하는 본문이 아니라, '나그네'를 어떻게 맞이할 것인가에 대해 말하는 본문이라 할 수 있다.

아브라함과 롯의 나그네 대접(창 18:1-8; 19:1-3)

아브라함과 롯의 공통점은 나그네에 대한 환대이다. 그런데 나그네 환대는 사소한 여러 가르침 가운데 하나이지 않다. 신명기 10:12에서 모세는 하나님을 사랑하고 마음 다해 그를 섬길 것을 명령한다. 하나님을 일러 "신 가운데 신, 주 가운데 주, 크고 능하시고 두려우신 하나님"이라 언급한 모세는 그 하나님께서 외모와 뇌물을 보고 받지 않으신다 선언한다.[신 10:17] 그렇기에 하나님은 고아와 과부를 위하여 정의를 행하며 나그네를 사랑하신다.

"너희의 하나님 여호와는 신 가운데 신이시며 주 가운데 주시요 크고 능하시며 두려우신 하나님이시라 사람을 외모로 보지 아니하시며 뇌물을 받지 아니하시고 고아와 과부를 위하여 정의를 행하시며 나그네를 사랑하여 그에게 떡과 옷을 주시나니 너희는 나그네를 사랑하라 전에 너희도 애굽 땅에서 나그네 되었음이니

라" 신 10:17-19

다음과 같은 히브리서 본문에서 언급하는 '부지중에 천사를 대접한 이들'은 아마도 아브라함과 롯의 나그네 대접을 가리킬 것이다.

"형제 사랑하기를 계속 하고 손님 대접하기를 잊지 말라 이로써 부지중에 천사들을 대접한 이들이 있었느니라 너희도 함께 갇힌 것같이 너희 갇힌 자를 생각하고 너희도 몸을 가졌은즉 학대 받는 자를 생각하라" 히 13:1-3

부지중에 나그네를 대접한 이들에 대한 이와 같은 평가는 굶주리고 헐벗고 나그네 된 자를 섬긴 것을 두고 주님을 섬긴 것이라고 선언하시며 영생을 약속하시는 마태복음마 25:31-46과도 명확히 연결된다.

소돔의 나그네 대우

하나님을 경외치 않는 지역의 나그네 대우는 소돔에서 적나라하게 드러난다. 소돔 지역에 낯선 나그네가 들어오자 당장 소돔 사람들이 남녀노소를 막론하고 몰려와서 그 나그네를 요구한다.

1. 개역 성경이 "상관하리라"로 번역한 히브리말은 창세기 4:1에서 '동침하다'로 번역된 히브리말 동사 '야다'로 '알다'라는 뜻이다. 서로를 안다는 것이 참 좋은 의미 이겠으되, 소돔 사람들이 하는 '우리가 그들을 알아야겠다'는 말은 무시무시한 폭력이다. 동성을 향한 성적 욕망을 강력하게 드러낸 표현이되, 상대방의 의사와는 전혀 무관한 지극히 폭력적인 성욕이다. 상대가 누구인지 따지지 않고 대접하는 아브라함과 롯이 있는가 하면, 상대의 의사와는 상관없이 '알아야겠다' 말하는 소돔 사람이 있다. 사랑하는 남녀의 서로를 앎이 있는가 하면, 이렇듯 다수의 힘을 가진 이들에 의해 소수의 나그네를 폭력적으로 짓밟는 앎도 있다. 상대가 첩자인지를 알아보려는 이러한 수색은 그 자체로 소수 무리를 향한 모욕일 수 있다. 가령, 삼하 10:1-5; Toensing: 67-68 아브라함과 롯은 자신들에게 다가온 나그네의 신원과 정체를 묻지 않고 극진히 대접하되, 소돔 사람들은 우리가 알아야겠다며 이들을 짓밟으려고 한다. 서로를 묻지 않음이 서로에 대한 환대가 되고, 서로를 알려는 것이 서로에 대한 폭력이 된다. 하나님은 높은 곳에 계시기에 사람들의 외모에 좌우되지 않는다. 하나님께도 사람들의 겉으로의 정체는 큰 의미가 없는 셈이라고 말할 수 있을 것이다. 상대

방의 정체를 묻고 그래서 그의 위치와 상태를 파악하고 그에 맞게 상대에게 대하는 것은 우리에게 있는 오래된 습관이라 할 수 있다.

　2. 소돔 사람들의 죄악은 '동성애'가 아니다. 사실, 그들은 상대가 전혀 원치도 않는데 일방적으로 쳐들어와서 폭력적으로 자신의 욕망을 채우려는 이들일 따름이라는 점에서, 그들을 가리켜 '동성애자'라고 부르는 것은 전혀 부당할 것이다. 본문에는 그 어떤 '사랑'도 없으되, 오직 힘과 수에 기반한 '욕망'만이 존재한다. 그들은 도착적인 성욕에 사로잡힌 폭력배들일 따름이다. 동성의 나그네를 향한 성적 욕망의 표출은 베냐민 지파 영역의 기브아 거민과 레위인을 둘러싼 사건에서도 볼 수 있는데삿19장, 거기에서도 본질적인 문제는 '동성애'가 아니라 동성이든 이성이든 힘 없는 나그네를 향한 집단적 성욕의 폭력적 발현이다. 그들의 죄악은 자신들과 다른 이들, 자신들과 어울리지 않으며 자신들을 보호할 힘이 없는 이들에 대한 짓밟음과 유린이다. 그러므로 이 사태의 본질은 폭력이다. 타인의 신체를 내 마음대로 주장하고 좌지우지하려는 폭력의 발로이다. 그리고 이러한 폭력은 인류 역사 내내 참으로 뿌리깊다. 여기에 동성 성폭력이 거론된다. 이들은 오늘 우리가 만나는 '동성애자'가 전혀 아니다. 그들은 밤새도

록 레위인의 첩을 윤간한 이들이기 때문이다. 이를 두고 동성애의 위험이라고 보는 것은 전혀 타당하지 않다. 오히려 이들은 오늘날 어린 여성이고 나이든 여성이고 개의치 않고 성폭행하는 이성애자를 떠올리게 한다. 전쟁 통에 수많은 여성을 폭행하는 광기의 군인을 떠올리게 한다. 「쇼생크 탈출」1994에 같은 남자 죄수를 성폭행하는 남자 죄수가 있다. 사람을 짓밟고 유린하고 무너뜨리기 위한 시도이다. 이를 두고 우리는 동성애의 위험성을 말하지 않는다. 감옥이라는 폐쇄된 사회가 사람을 어떻게 왜곡시키며 죄성을 불러 일으키는지를 보여주며 인간의 잔혹함을 보여줄 따름이다.

말리는 롯에 대해 분노하는 소돔 사람들의 위협창 19:9은 롯의 지위가 얼마나 낮은지를 보여주려는 위협이다. 롯은 그 땅에 정착한 것 같지만 언제나 그 지위가 벼랑에 처할 수 있다. 이와 비슷한 경우가 바벨론 땅의 다니엘, 애굽 보디발 집의 요셉이다. 그들의 권리는 극히 제한적이어서 이익, 권리, 동질감으로 묶인 집단 안에서 삽시간에 차별의 대상으로 전락하게 된다. 사사기 19장에서 레위인을 환대하여 맞아들인 기브아에 사는 노인 역시 원래 기브아 주민이 아니라 에브라임 사람으로 "기브아에 거류하는 자"였다.삿 19:16 결국 나그네였기에 나그네를 환대한다. 창세기 19장과 사사기 19장이 나그네를 환대하는 거류민을 일치되게 보여준다는 점은, 이 두 본문이 지닌 명확한 의도를 보여준다. 그러므로 이와 같은 일치 역시 두 본문의 핵심이 나그네 환대임을 잘 보여준다.

3. 무엇보다도 소돔이라는 도시가 존재한다는 것은 그 성내에 다수의 이성애자가 있었음을 전제한다. 창세기 13:1에 롯의 아내 언급이 없는데, 19장에서는 아내가 있고, 이 아내는 소돔 여인일 것이라는 점, 창세기 14장 전쟁에서 소돔 여인들이 약탈당했다는 것은 소돔에 여인들이 상당 수 존재했음을 보여준다는 점, 그래서 소돔 사람은 기본적으로 오늘로 치면 이성애자였을 것이라는 점, 롯을 찾아온 모든 소돔 사람에 대한 언급에 어린 사람도 있다는 것은 소돔에 출산이 번성했음을 보여준다는 점, 롯의 사위였던 이들은 소돔 사람이었을 것이라는 점, 이상의 사항은 소돔의 이성애를 반영한다.[Toensing: 65-74] 그래서 소돔 사람은 오늘날 우리가 말하는 '동성애자' 가 아니라 기본적으로 '이성애자' 이면서 자신들의 성읍에 찾아온 나그네라면 짓밟고 유린하는 이들이라 할 수 있고, 이번에 그들의 대상이 된 이들은 남성 나그네였다.

개그논은 여전히 사사기 본문에 동성애에 대한 정죄가 있음을 이야기한다.[Gagnon: 95-97] 창세기 2장은 남녀의 결합을 통한 한 몸을 이야기한다는 점에서, 남녀의 결합이 아닌 다른 결합을 시도

한다는 점에서 창세기 19장과 사사기 19장에 나오는 남자를 향한 성행위 시도를 구약 기자가 매우 부정적으로 그리고 있음은 분명하다고 할 수 있다. 그러나 이 두 본문에 나오는 동성 성행위 시도는 전혀 합의에 의한 관계가 아닌 일방적 성폭행 시도이며, 찾아온 나그네를 무참히 짓밟고 여성으로 만들어 버리는 모욕이라는 점에서, 이 본문에서 오늘날 동성애에 대한 어떤 지침을 발견하는 것은 본문의 겉만 살핀 부적절한 이해이다. 이에 대해 세심히 언급하지 않은 채 개그논은 동성애 거부를 이야기하며 독자로 하여금 오늘날의 동성애자를 떠올리게끔 이끈다는 점에서 그와 같은 방식은 매우 비열한 논리 전개라 할 수 있다. 나그네 짓밟기의 표현으로 동성 성행위가 쓰인다는 점에서 동성 성행위를 구약이 부정적으로 평가한다는 정도[Gagnon: 76-78]가 최대한 말할 수 있는 정도이겠지만, 어디까지나 초점은 나그네 모욕과 유린에 있지 동성 성행위에 있지 않다. 가령, 나훔서의 경우 앗수르에 대한 심판을 표현하기 위해 앗수르를 상징하는 여인을 뭇 열방이 성폭행하는 이미지를 사용하지만[나 3:5-6,13; 김근주 2016: 432-434,439-440], 이 본문을 두고 '성폭행' 자체를 정당한 것으로 여겨서는 안될 것이다. **메시지를 전달하기 위해 사용하는 장치를 메시지 자체보다 앞세워서는 안된다는 것이다.**

17장에서 하나님은 아브라함과 언약을 맺고 아브라함과 사라를 "여러 민족의 아버지" 17:5, "여러 민족의 어머니" 17:16로 세우신다. 그리고 그들에게 이삭을 주실 것이라 약속하시며 그와 영원한 언약을 맺으시겠다 이르신다. 17:19 이러한 언약 이후에 놓인 18,19,20장은 앞에서 본 대로 나그네 주제로 서로 연결된다. 남자를 향한 성폭행 시도가 소돔의 일이라면, 여성을 향한 성폭행 시도가 그랄에서의 일이다. 21장에서 아브라함의 나이 백 세일 때, 마침내 이삭이 태어난다. 이러한 배열은 하나님의 언약의 본질을 되돌아보게 한다. 하나님의 언약 백성으로 살아간다는 것은 나그네를 대접하는 삶으로 구체화된다. 동성애를 다룬 창세기와 사사기 본문의 맥락은 소수자로서의 나그네를 어떻게 대할 것인가와 연관된다.

해석에 따른 이해

창세기 19장 소돔과 고모라에서 일어난 사건의 본질에는 '동성애 규탄'이 아니라 '나그네 짓밟기'가 놓여 있다. 나그네가 구약과 신약에서 어떻게 중요한 부분을 차지하는지 이 글 첫 번째 부분에서 살펴보았다. 하나님께서 애초에 소돔을 방문하시는 까닭은 '소돔에서 들려온 부르짖음'이었다. 창 18:20-21 고통받는 이들의 부르짖음으로 인해 하나님께서 움직이신 사건의 가장 대표적인 사례는 이스라엘의 출애굽이다. 출 2:23-25 그러므로 소돔-고모라 본문은 '동성애' 본문이 아니라 '고통받는 이들의 부르짖음' 본문이다. 그리고 그 고통 받는 이는 오직 하나님의 도우심을 통해 살 수 있다는 점에서, 소돔-고모라 본문은 구약이 줄기차게 언급하는 '고아, 과부, 나그네' 본문과 맥을 같이 한다고 볼 수 있다. 고대 이스라엘에서 고아와 과부, 나그네는 달리 기대거나 의지할 곳이 없는 이들이며, 오직 이들을 지킬 수 있는 것은 재판 제도였다. 무엇보다도 여호와 하나님은 고아와 과부의 재판장이 되셔서 그들을 신원하시는 분으로 자처하신다. 시 68:5; 또한 신 10:18; 시 10:14,18; 146:9; 잠 15:25 그래서 구약 본문 곳곳은 이들을 억울함을 풀어주는 재판에 대해 강력히 촉구한다. 가령, 신 16:18-20; 24:17; 시 72:2,4,12-14; 사 1:16-17; 렘 7:5-7; 22:3; 슥 7:10; 참고. 눅 18:1-8 여기에서 재판 제도는 여호와 하나님의 보호하심과 신원하심이 가시적으로 드러난 제도라고 할 수 있다. 그렇다면 구약이 말하는 '고아, 과부, 나그네'는 '재판 제도로 대표되는 법의 보호가 아니라면 이 땅에서 그들의 삶이 벼랑에 놓이게 되는 이들'을 가리킨다고 말할 수 있다. 그러한 이들을 가리켜 오늘날 우리가 '소수자'라고 부를 수 있다면, 소돔-고모라 본문은 '소수자 짓밟기' 본문이라고 말할 수 있을 것이며,

이 본문을 오늘에 적용하기 위해서는 오늘날 우리 시대에 법이 보호하지 않으면 그 기본적 생존이 벼랑에 놓이게 되는 이들이 어떤 이들인지를 살피는 것이 필수적이라 할 수 있다.

주목할 것은, 소돔 사람들이 나그네를 여성으로 대한다는 점이다. 롯이 그들에게 자신의 딸을 주겠다고 말하는 부분이나, 기브아에서 폭도들에게 결국 레위인의 첩을 넘겨주었다는 부분에서도, 몰려온 이들이 나그네를 여성처럼 대하며 짓밟으려 한다는 점을 볼 수 있다. 남자를 여자처럼 성폭행하겠다는 것은 나그네를 가장 유린하고 짓밟는 수단임은 분명하다. 여자에게나 남자에게나 성폭행이 가장 두려운 일이겠지만, 남자와 여자의 지위가 분명하던 시대에 남성이 성폭행 당한다는 것은 가장 참담한 일이었을 것이다. 소돔 본문과 사사기 본문은 동성 성폭행, 남자를 여자처럼 만드는 것이 고대에 지닌 위력을 보여준다. 그러므로 관건은 동성애가 아니라 정복과 유린이며 남자가 문제가 되지만 실제로는 여자가 가장 벼랑에 놓인다고 볼 수 있다. 나그네가 가장 위험한 일을 겪게 된 현실은 여성이 가장 위험한 상태에 놓였음을 역설적으로 보여준다.

결국 소돔-고모라 본문에서 여성의 명예는 남성 나그네의 명예에 전혀 미치지 못함을 볼 수 있다. 딸을 대신 주겠다는 롯의 행동은 본문에 고대 세계의 여성 이해가 전제되어있음을 명확히 보여준다. 딸을 내어주겠다는 롯의 행동은 결코 오늘날 세상을 위한 규범일 수 없다. 여성에 대한 부분은 사사기 19장 본문에서 함께 다룰 필요가 있다.

나그네는 삶 전체가 뒤흔들리곤 한다. 세 번이나 자기 부인을 누이라 속인 사건, 소돔과 고모라, 기브아의 레위인 사건을 관통하는 것은 성읍을 찾아온 나그네의 삶이 온통 무너질 위기이다. 그렇다면 우리는 이와 같은 본문을 보면서 우리 사는 영역, 우리가 이제껏 살아온 익숙한 영역에 찾아온 나그네, 낯선 사람, 우리와 다른 사람들을 우리가 어떻게 환대하고 맞이할 것인가를 돌아보아야 한다. 소돔의 나그네 대접과 아브라함의 나그네 대접은 확연히 대조된다. 나그네는 앉아서 음식을 먹고 주인인 아브라함은 서서 대접하였음을 생각하면, 나그네를 영접한다는 것은 나그네에게 그들의 자리가 마치 원래부터 그 곳에 있었던 것처럼 자리를 내어주는 것이라 할 수 있다. **나그네를 영접한다는 것은 근본적으로 내게 있는 권력을 내려 놓는 것이며 권력 행사 대신 섬김을 행하였음을 의미한다. 그래서 나그네 대접은 권력의 해체이며 섬기는 자가 높은 자이고 낮춘 이가 큰 자임을 명확히 보여준다.**

2. 사사기 19장

문맥에 따른 이해

레위인은 기브아 남자들에게 밤새 윤간당해 아침에 자신이 머물던 집 문에 쓰러진 자신의 아내를 나귀에 싣고 자신의 집에 돌아가서는 그녀를 조각조각 내었다.삿 19:28,29 사사기 19:28,29에서 각각이 여인의 "시체"가 언급되지만, 이는 개역이 첨가한 것이다. 그래서 이와 같은 본문은 과연 이 여성이 어느 시점에 죽은 것인가조차 의심하게 된다. 집단 성폭행을 당한 후에 죽은 것일까? 아니면 거의 죽어가는 여인을 나귀에 태워 먼 길을 가는 사이에 죽은 것일까? 혹은 결국 레위인이 열두 조각을 내었을 때 죽은 것일까? 어느 경우이든 이 본문은 명확하게 이 레위인을 고발한다. 이 남자에게 여인은 돌볼 대상이 아니라 물건과도 같다.

기브아인들은 남자를 끄집어 내려 했지만 결국 여성을 성폭행하는 것으로 만족하고 돌아갔다. 그렇다면 이 이야기는 결국 자기 부인을 누이라 속인 사건과 여성을 차지하기 위해 남성을 죽이려 한 경우라는 점에서 공통점이 있다. 실제로 레위인은 그들이 자신을 죽이려 했다고 보고하기도 한다.삿 20:5 레위인의 보고가 자신이 성폭행 당할 뻔한 것을 부끄러워 감추느라 그랬을 수도 있지만, 기브아의 죄악을 폭로하기에 자신에게 닥친 성폭행 위협을 말하는 것이 더 효과적일 수 있다는 점에서 자신에 대한 살해 위협으로 바꾼다는 것은 이상하다. 그러므로 사사기 19장 사건은 창세기부터 이어져 온 나그네 짓밟기와 맥을 같이 한다.

개그논은 이 사건에 일관된 여성 차별을 열거한다.[Gagnon: 97-100] 그에 따르면, 레위인의 첩에게는 아무런 대사가 없다. 레위인이 데리러 가서도 그가 말했다는 내용만 있지, 그녀의 말은 전혀 없고 그녀의 아버지와 레위인 두 사람의 계속되는 잔치만 보도된다. 집으로 돌아갈지 말지에 대해서도 그녀의 결정은 없고 오직 아버지의 결정만 있을 뿐이다. 레위인과 첩을 맞아들였던 노인은 위기 시에 자신의 딸 뿐 아니라 레위인의 첩까지 내주려고 한다. 레위인은 정신을 잃은 첩의 생사에 아무런 관심이 없고 자신의 갈 길만 생각한다. 그녀를 제대로 장사 지내는 것보다 그는 시체를 쪼개어 베냐민에게 복수하는 것에만 관심 있다. 그는 오직 자신과 자신의 소유로서의 첩에만 관심 있지, 첩에 대해 어떤 긍휼도 보이지 않는다. 그리고 전쟁에서 수가 줄어든 베냐민 지파를 위해 축제에 나온 여성을 마음대로 탈취하는 '아내 사냥'이 허용된다.

이 본문을 두고 단순히 동성 성행위에만 집중하는 견해들이 있지만, 그것은 그야말로 표면적인 배경일 뿐, 이 본문의 본질은 나그네 짓밟기 그리고 나그네의 모순까지도 모두 떠안게 되는 존재로서의 여성 짓밟기이다. 레위인의 첩이 윤간당하고 무참하게 죽은 이야기는 이후에 베냐민 규탄을 위해 미스바에 모이지 않았다는 이유로 야베스 길르앗 주민 모든 남자와 남자와 잔 여자를 진멸하는 내용으로 이어지는데, 여기서 살아남은 여자들 즉 남자와 동침한 일이 없어 남자를 모르는 여자들은 베냐민 지파의 보존을 위해 베냐민 지파에게 넘겨지게 된다.[21:8-12] 이것으로도 모자라서 실로 축제에 참가한 여성을 붙들어 강제로 베냐민 지파 남자들의 아내로 삼게 한 조치[21:19-23]가 뒤따른다. 그리고 이에 대한 결론은 왕이 없어 제 멋대로 하는 이스라엘이다.[21:25] 왕이 없다는 진술이 이 이야기 전체의 첫머리[삿 19:1]와 마지막[삿 21:25]을 맺는다. 그래서 왕 없는 세상은 남자들의 무지막지한 폭력, 벼랑에 처하는 나그네, 그리고 그 모든 참상 속에서 가장 큰 희생을 당하여 성폭행 당하고 끌려가는 여성으로 구체화된다. 이어지는 룻기는 여전히 사사 시대임에도 여성이 살 수 있는 세상을 보여준다는 점에서 현격하게 대조적이다. 이와 같은 배열은 사사기가 말하는 '왕 없는 세상'이 왕정에 대한 말씀이 아니라 여호와이신 왕 없는 세상을 말함을 깨닫게 한다. 본문은 사사 시대의 폭력성, 하나님을 왕으로 인정하지 않는 세상의 폭력성을 명료하게 보여준다. 그러므로 우리가 배울 것은 약자 존중, 함께 살아가는 세상이다. 이 본문은 동성 성행위에 대해 경고하는 본문이 아니라 여호와를 왕으로 고백하는 세상은 나그네가 안전하고 여성이 안전하게 살 수 있는 세상, 모두가 함께 살아가는 세상임을 극명하게 드러내는 본문이다.

해석에 따른 이해-본문과 오늘

사사기 19장은 명백히 이성 성폭행 본문이되, 개그논은 노인이 남자를 보호하려고 애쓴 것에서, 남자가 삽입 당하는 것을 그가 매우 꺼렸음을 이야기하며 여전히 본문에 동성 성행위에 대한 공포가 있다고 언급하며, 자신의 딸이나 레위인의 첩보다 레위인과 성관계 하려는 것을 두 번이나 "망령된 일"[히, '네발라'] 로 칭하고 있다는 점에서도 동성 성행위가 이 본문의 쟁점이라 주장한다.[Gagnon: 95] 그러나 20:6,10에서 동성 성행위와 무관하게 여성을 성폭행하여 죽게 한 일 역시 '네발라' 로 칭해진다. 심지어 19:30에서는 첩의 죽음과 그녀의 시체가 열두 조각으로 보내어졌다는 것을 두고 출애굽 이래 없던 일이라 표현한다. 레위인은 이스라엘 총회에 자신의 일을 보고하기를 "나를 죽이려 하고 내 첩을 욕보여 그를 죽게 한지라"[삿 20:5]라고 보고하며 "그들이 이스라엘 중에서 음행과 망령된 일[네발라] 을 행하였기 때문"[삿 20:6]이라 보고한다.

당사자인 레위인 말고는 진상을 알지 못하므로 나머지 이스라엘 사람이 격분하며 이를 '네발라'라고 말하는 것은, 동성 성행위가 아니라 나그네를 짓밟고 나그네의 여인을 죽게 한 사건이다. 본문 외에서도 '네발라'는 음행이나 간음, 그리고 성폭행과 연관하여 여러 번 쓰였다. 가령, 창 34:7; 신 22:21; 삼하 13:12; 렘 29:23 다윗의 무리를 무시하고 영접하지 않은 나발의 행동을 가리키는 말 역시 '네발라'이다. 삼상 25:25 그러므로 레위인의 보고를 받은 이스라엘이 이 사건을 '네발라'로 규정한 까닭은 성폭행과 나그네를 환대치 않고 유린함이라고 보아야 한다. 사건을 그렇게 규정하면서 본문은 기브아 사람들의 잔혹한 행위를 강력하게 규탄한다고 볼 수 있다. 아울러 실제 사건의 전개를 알고 있는 독자들을 향해 레위인이 얼마나 비겁하고 부당한지를 외치고 있다고 볼 수 있다. 적어도, 이 본문에서 동성 성행위에 대한 무엇인가를 찾는 것은 부적절할 뿐 아니라 비겁하기까지 하다. 그리고 '동성 성행위에 대한 공포'보다 본질적인 개념은 '성폭행에 대한 공포'이다.

나그네 레위인을 극진히 보호하려는 기브아 땅의 거류자 노인에게 여자는 보호 대상이 아니었다. 이것이 정확히 사라와 리브가에게 일어난 일이었다. 남자를 죽이려는 애굽과 그랄이 있고창 12:11-12; 20:11, 어떻게든 남자는 보호하려는 롯과 기브아 노인이 있다. 레위인은 하인을 데리고 있었지만^{삿 19:3,11,13,19}, 일행을 맞아들인 노인은 기브아 사람들에게 첩과 딸을 내어줄지언정 하인을 언급조차도 하지 않는다. 여성을 성폭행 당하게 할지언정, 남자는 그렇게 되도록 허용하지 않으려 한다. 어떻게든 동성 성행위를 막으려 하지만, 여기에는 남녀의 사회적 지위에 대한 확연한 이해가 전제되어 있다. 여기서 동성 성행위의 본질은 남자의 명예를 짓밟는 것, 남자의 남성성을 짓밟는 것에 있다고 말할 수 있다. 이 점을 또렷이 보여주는 것은 기브아 거민에게 레위인이 데려온 하인이 아무런 관심 대상이 아니었다는 점이다. 하인이 아니라 주인을 짓밟으려고 한다는 점에서도 이들의 관심사는 단순히 '동성에 대한 성욕'이 아니라 낯선 이들이 왔을 때 그들의 우두머리인 남자를 짓밟는 것, 즉 명예 유린하기임을 알 수 있다. 그리고 그 본질에는 힘의 과시, 더 강하고 우월한 힘을 휘두르는 것이 있다. 이를 생각하면 기브아에서 일어난 일의 중심에는 '권력 관계'가 있다. 오늘날 일어나는 성폭행의 본질이 정확히 그러하다. 강남역 10번 출구인근에서 벌어진 여성 살해, 최근에 화장실에 전혀 모르는 여성을 가두어 두고 무차별적으로 폭행한 사건이나, 그 본질에는 힘의 불균형, 권력 관계가 있다.

그런 점에서도 동성 성행위에 초점을 맞출 것이 아니라 폭력의 난무와 여성의 일방적 희생을 파악하고 해석하여 적용하는 것이 중요하다. 그렇지 않으면, 신앙 공동체는 젠더 이해에 묶여 약자를 계속 희생시키며 젠더의 명예만을 지키려고 할 것이다. 성폭행은 연루된 젠더가 무엇이든 결코 성 관계이지 않으며 오직 폭력일 뿐이다.Stewart: 297 고대 이스라엘에서는 레위인 남자의 명예를 지키기 위한 노인의 노력이 당연하고 마땅한 행동이었을 수 있지만, 오늘 읽고 있는 독자들에게는 지극히 불편하다. 그래서 본문에 대한 해석은 필수적이다. 그렇지 않으면 수 천 년 전의 문화에 오늘의 신앙 공동체를 묶어 버리게 된다.

사실 성경 안에는 여성에 대한 부당한 폭력이 가득하다. 사무엘하 13장에서는 암논이 자신의 배다른 누이 다말을 성폭행한 내용을 볼 수 있는데, 친족 사이에 저질러지는 무수한 성폭행을 단적으로 반영한다. 다말을 향한 일방적이고 폭력적이며 탐욕스럽기 그지없는 암논의 욕망이 근본적인 문제이되, 이러한 폭력이 작동하는 기제는 가부장제이다. 암몬은 다윗 왕에게 다말을 문병 오게 해달라 청하고, 왕은 자신의 딸에게 그를 명한다.13:6-7 암논의 욕망 앞에서 다말이 할 수 있는 최대한의 대응은 왕인 아버지에게 청하여 자신을 얻으라는 부탁일 따름이다.13:12-13 친족 관계 안에서 저질러지는 성폭행, 그리고 여성의 운명을 좌지우지하는 가부장제가 있다. 성경 안에 이렇게 무수한 여성에 대한 참상이 있다면, 우리는 마땅히 가부장제가 타당한 것인지 물어야 한다. 인간의 근본적인 죄성도 문제겠지만, 가부장제를 물어야 할 것이다. 이러한 무수한 본문을 두고 남자 동성 성행위를 부각시키는 것은 심히 부적절하다. 본문은 해석되어야 하지, 표면만으로 읽혀져서는 안 된다. 그런 읽기는 구약 시대에 저질러진 본질적인 폭력을 감추면서 오늘날 존재하는 사람들에게 부당하면서도 무자비한 폭력을 휘두르는 것을 정당화시킨다.

3. 소돔에 대한 이해

이사야 1:10-31

이사야 1:10은 유다를 가리켜 소돔과 고모라라고 규정한다. 이와 같이 규정했다는 것은 그가 소돔과 고모라에 대한 내용을 이해하고 있었음을 반영한다. 그는 유다 모든 이들이 드리는 제물을 가리켜 "헛된 제물"이라 표현하고 분향을 가리켜 "가증한 것" 히, '토에바' 이라 선언한다. 예루살렘은 정의와 공의가 가득하던 신실한 성읍이었으나 이제는 "창기" 히, '조나' 가 되고 살인자로 가득한데, 이것은 고관들이 패역하여 도둑과 짝하고 뇌물과 예물을 밝히며 고아와 과부의 억울함에 귀 기울이지 않았기 때문이다. 사 1:21-

²³ 그래서 이사야는 유다를 향하여 '악을 버리고 선을 배우며 정의를 구하고 학대받는 자를 도와 주며 고아와 과부를 신원하라'고 촉구한다.사 1:16-17 결국 이사야는 정의가 사라진 제사를 '토에바', 가증한 것이라 규정하며, 그것이 소돔과 고모라의 본질이라 규정한다. 이사야에게 소돔은 고아와 과부를 짓밟으면서도 넘쳐나는 제사를 드리는 집단을 상징한다. 이사야는 주어진 전통의 본질을 추구하는 해석을 이미 행하고 있다. 이사야를 따라 소돔 본문을 읽는다는 것은 약자를 유린하며 착취하는 현실을 소돔과 고모라로 규정한다는 것을 의미한다.

예레미야 23:14

"내가 예루살렘 선지자들 가운데도 가증한 일을 보았나니 그들은 간음을 행하며 거짓을 말하며 악을 행하는 자의 손을 강하게 하여 사람으로 그 악에서 돌이킴이 없게 하였은즉 그들은 다 내 앞에서 소돔과 다름이 없고 그 주민은 고모라와 다름이 없느니라"

예루살렘 선지자들 가운데 벌어지는 끔찍한 죄악상을 두고 예레미야는 그들의 죄악이 소돔과 고모라의 죄악과 다를 바 없다고 규정한다. 저 본문에서 "간음"이 언급된다 하여 누구도 지금 예레미야가 '이성애'를 강력하게 규탄한다고 말하지 않을 것이다. 소돔, 고모라와 다름없이 행하는 이스라엘을 향해 예레미야가 규탄하며 촉구한 것은 "너희가 정의와 공의를 행하여 탈취당한 자를 압박하는 자의 손에서 건지고 이방인과 고아와 과부를 압제하거나 학대하지 말며 이 곳에서 무죄한 피를 흘리지 말라"이다. 렘 22:3; 또한 4:1-2; 7:5-7

에스겔 16:49-50

"네 아우 소돔의 죄악은 이러하니 그와 그의 딸들에게 교만함과 음식물의 풍족함과 태평함이 있음이며 또 그가 가난하고 궁핍한 자를 도와주지 아니하며 거만하여 가증한 일을 내 앞에서 행하였음이라 그러므로 내가 보고 곧 그들을 없이 하였느니라." 겔 16:49-50

에스겔의 논리는 이사야와 정확히 일치한다. 여기에서도 가난하고 궁핍한 자를 돕지 않는 소돔의 행위와 '가증한 일' 히, '토에바' 이 서로 결합되었다. 여기서 문제가 되는 것은 '가증한 일'이 의미하는 내용이 무엇인가이다.

개그논Gagnon: 82-83은 에스겔 18:12에 나오는 '가증한 일을 행하다'와 연관하여 이것이 레위기 18장과 20장에 있는 남성 동성 성행위를 가리키는 것으로 연관시켜 볼 수 있다고 주장한다. 에스겔 22:11; 33:26에서의 가증 역시 성적 범죄이며 레위기의 모든 경우도 마찬가지라는 점도 덧붙인다. 그러나 에스겔 18:5-9, 10-13, 14-18에 나오는 죄 목록은 거의 동일한데, 유일하게 다른 것이 에스겔 18:12 마지막에 있는 '가증한 일을 행하다'이다. 다른 두 목록에는 공통되게 '월경 중의 여인을 가까이 하지 않는다'가 있지만, 18:10-13에는 그 대신 '가증한 일을 행하다'가 있다. 그러므로 오히려 여기서의 가증한 일 행하기는 월경 중의 여인과의 성관계라고 보는 것이 타당해 보인다. 레위기 18장에서 '가증한 일'을 의미하는 '토에바'가 쓰인 26,27,29,30절 등은 18장에 실린 내용 전체를 가리킨다는 점에서 동성 성행위에 국한되지 않는다. 이것은 에스겔서에서도 마찬가지라고 보인다. 에스겔 22:11은 이웃의 아내와 가증한 일을 행하였다 말하는데, 동성 성관계와 아무 상관 없이 '토에바'가 쓰였다는 점에서 레위기와는 거리가 있다. 에스겔 33:26 역시 에스겔 18장과 대응되는 내용인데, 여기서 '가증을 행하다'는 칼을 믿는 것과 이웃의 아내를 더럽히는 일 사이에 놓여 있다. 여기서도 가증은 동성 성행위와 연관되지 않는다. 결국 에스겔은 가증을 동성 성행위와 전혀 연결시키지 않는다! 오히려 에스겔에게 가증을 행하는 삶의 맥락은 우상 숭배와 이웃에 대한 폭력과 탐욕의 극대화라고 할 수 있다.

구약에서 '토에바'가 가장 많이 쓰인 책은 에스겔서이지만[43회] 잠언에도 많이 쓰였고[21회] 신명기에서도 많이 쓰였다.[17회] 는 점은 이 단어를 좁게 제의적인 것만으로 규정할 수 없음을 단적으로 보여준다. 특히 '네가 큰 가증한 일들을 계속해서 더욱 보게 될 것이라'는 표현이 에스겔 8장에 반복된다.[8:6,13,15] 17절에는 이를 "유다 족속이 여기에서 행한 가증한 일"로 요약한다. 8장에서는 이스라엘 족속의 죄악을 "크게 가증한 일" 혹은 "큰 가증한 일"로 강조해서 표현하였으며, 그 핵심적인 내용은 우상 숭배이다. 16장 역시 예루살렘이 저지른 가증함으로 극심한 우상 숭배를 고발한다. 8장에 이어지는 9장에서 예루살렘에서 일어난 "모든 가증한 일"로 인해 관련된 이를 다 죽이라는 명령이 내려지는데[겔 9:3-6], 당시의 예루살렘을 두고 9:9에서는 "그 땅에 피가 가득하며 그 성읍에 불법이 찼나니"로 표현한다. 이 같은 표현은 예루살렘에 가득한 폭력과 불의를 반영한다. 예루살렘이 저지른 가증한 일은 그 가운데 가득한 폭력과 연관된다. 에스겔 10장에 따르면 하나님께서는 세마포 옷 입은 존재에게 하나님의 그룹에게 받은 불을 예루살렘에 뿌리라 명하신다.겔 10:2 하늘에서 내리는 불로 태워진다는 점에서 예루살렘과 소돔은 같은 벌을 받는다고 볼 수 있다. 9장과 10장의 맥락에서도 '동성애'와 같은 상황은 전혀 언급되지 않는다.

한 가지 더 언급할 것은, 여기에서 제시한 소돔에 관한 언급이 우상 숭배와 연관한 예루살렘의 가증함을 매우 노골적인 성적 비유로 전하는 16장 안에 있다는 점이다. 16:1-34는 예루살렘의 죄악을 고발하고 16:35-43은 하나님께서 행하실 심판을 전한다. 죄악의 고발과 심판 선포로 내용이 완결된다고 할 수 있지만, 특이하게도 16:44 이하는 소돔과 사마리아와 비교하여 예루살렘의 죄악을 다시 고발한다. 이에 따르면 예루살렘의 죄악은 소돔보다도 더 부패하고16:47-48, 사마리아의 죄악보다는 두 배 이상이다.16:51 개그논을 비롯한 많은 이들이 소돔의 죄악을 '동성애'라고 결론 내린다. 앞서 길게 본대로 그와 같은 결론은 전혀 타당하지 않다. 그러나 설령 그들의 주장대로 소돔의 죄악을 '동성애'로 본다 할지라도, 에스겔 본문은 예루살렘의 죄악이 소돔보다 훨씬 더 부패하다고 증언한다. 그리고 에스겔에서 이스라엘의 죄악은 우상 숭배와 사회적 불의이다. 이를 생각하면, '동성애'를 붙잡고 가장 심각한 죄인 것처럼 이야기하는 것 자체가 지극히 '비성경적'임을 확인할 수 있다.

결론적으로, 구약에서 소돔을 언급한 모든 본문에서 '동성애'는 차치하고 '동성 성행위'가 쟁점인 경우조차 한 군데도 없다. 이것은 제2성전기에서도 마찬가지이다. 가톨릭 성경에 포함된 "솔로몬의 지혜"에서는 소돔을 가리켜 "자기들에게 온 낯선 이들을 받아들이지" 않았다고 규정한다.[19:14] 마카베오3서 2:5에서는 소돔의 죄악을 '교만'[ὑπερηφανία; 마 7:22에서 이 죄악은 음란을 비롯한 여러 죄악 목록과 함께 쓰였다]으로 규정한다. 동성에 대한 성폭행 형태로 드러났지만, 이 사태의 본질은 교만이다. 자신들을 가장 중요하다 여기며 자신들의 세력을 내세우는 것과 연관하여 이 표현이 칠십인경에서 여러 번 쓰였다.[출 18:21; 레 26:19; 민 15:30; 신 17:12; 사 16:6] 이 점에서도 소돔 사건의 본질은 세력 과시, 힘의 지배 그리고 거기에 희생당한 나그네라고 할 수 있으며 달리 말해 '권력 관계'라고 말할 수 있다. 힘과 세력을 휘둘러대는 것은 언제나 가장 약한 고리를 통해 관철된다.

요세푸스(F. Josephus), *Ant.* 1.200-201

롯은 아브라함의 선함을 본받아 관대하고 나그네를 환대하는 사람이었다고 진술한다. 소돔과 관련하여 롯을 이렇게 대조한다는 점에서, 요세푸스 역시 이 사건 안에 '나그네 환대'가 있음을 인식하였음을 알 수 있다. 소돔 사람들은 그들을 찾아온 천사들의 아름다운 젊음에 끌려 "힘과 폭력으로"*ἐπὶ βίαν καὶ ὕβριν* 그들과 즐기려고 마음을 먹는다. 여기에 쓰인 '휘브리스'는 달리 '교만'으로도 번역할 수 있다. 그렇다면 결국 소돔 사람들의 행위는 자신들의 우월한 힘과 권력을 휘두르는 것에 그 본질이 있음을 알 수 있다. 손님들의 명예를 지키고 소돔 사람의 음욕을 대신 채우고자 롯은 딸을 제공하려 했지만, 소돔 사람들은 멈추지 않았다. 요세푸스의 짧은 언급에 드러난 소돔은 욕망에 사로잡혀 나그네를 짓밟는 이들, 권력을 마음대로 휘두르는 자들이었으며, 그 표현이 동성 성폭행 시도였다.

필로(Philo of Alexandria), *On Abraham*, 135-136
"(소돔 사람들은) 자신들의 목에서 자연의 율법을 벗어 던지고 독한 술을 취하도록 마시고 음식을 탐하며 금지된 성관계에 몰입하였다. 여성을 향한 광적인 욕망으로 이웃의 결혼을 범하였을 뿐 아니라, 능동적인 파트너가 수동적 파트너와 나누는 성의 본성에 대한 존중 없이 남자가 남자를 올라탔다. ⋯ 출산할 수 없음을 발견하였음에도 그들은 멈추지 않았고 그들을 지배한 욕망의 힘은 더욱 강해졌다. 점차로 그들은 본성에 따라 남자였던 이들이 여자 역할을 하는 것에 익숙해졌고 여성 질병이라는 끔찍한 질병을 그들에게 떠 얹었다. 그들은 자신들의 육체를 사치와 관능으로 여성화시킬 뿐 아니라, 나아가 그들의 영혼을 타락시키며 인류 전체를 더럽히고 있었다. 확실히 헬라인들과 야만인들이 이러한 결합에 영향 받는데 합류했고, 마치 전염병에 의해 모든 사람이 죽듯이 도시가 차례로 사막이 되었다."

필로에게 동성 성관계는 남자와 여자가 각각 수행해야 하는 역할을 저버린 것이다. 동성 성행위에 대해 고발하되, 이렇게 젠더 역할까지 저버리는 까닭은 상대를 향한 광적인 욕망으로 풀이한다. 동성 성행위의 본질을 욕망의 과다로 풀이한 셈이다. 위에 인용한 부분 바로 앞 구절에서는 소돔 사람들의 모든 불의의 가장 큰 원인은 '지나친 부' *tà λίαν ἀγαθα*라는 언급이 있다.[134] 넘쳐나는 부 위에서 그들은 모든 율법의 멍에를 내던진 채 멈추지 않을 욕망과 방종으로 달렸고 그 결과가 동성을 향한 성욕이었다. 소돔의 부귀와 그로 인한 교만과 방종은 예언자들과 요세푸스, 필로에게 일관되게 나타난다. 그리고 바울 서신이 남성 동성 성행위를 바라보는 시각의 본질 역시 이와 닿아 있다. 문제는 오늘 우리가 주변에서 만나고 보게 되는 성소수자들이 이러한 상황에서 비롯되었는가 이다.

랍비 문헌

소돔과 고모라의 죄악에 대해 가장 많은 분량으로 광범위하게 다룬 본문을 탈무드에서 볼 수 있다.*b. Sanhedrin* 109a-109b 여기에서 소돔의 죄악은 교만하고 오만하며 부자와 권력자를 위하여 정의를 구부려 가난한 자와 나그네를 학대한 것으로 고발된다. 왜 우리가 나그네를 대접해야 하냐고 물으면서, 우리 땅에 나그네가 돌아다니는 것 자체를 못하게 하자고 소돔 사람들이 말했다는 언급도 있다. 랍비 문헌에서 소돔, 고모라에 대해 다룬 본문 분석을 Carden[94-103]에서 볼 수 있다. 기본적으로 나그네에 대해 저질러진 불의가 고발되었으며, 성적인 죄를 언급하는 극히 일부의 문헌이 있지만 내용이 세부적이지 않고 부차적이다. "랍비들은 남자 동성애를 반대했지만, 소돔에서 성적 죄악을 찾아내는 것을 삼갔다. 왜냐하면 이 본문에서 동성애는 중심적이지 않기 때문이다. 부르짖음이 주님께 올라갔다는 표현에 랍비들은 집중했다. 이러한 표현은 항상 불의와 연관되지, 성적 문란이나 부정과 연결되지 않는다. 부르짖음에 대한 것을 성적인 것과 연결시키는 해석은 본문에서 나온 것이 아니라, 이러한 문란이 폭력이나 불의보다 더 악한

죄라는 사고방식에서 비롯된 것이다."[Miller: 88]

신약

마태복음 10:14-15; 누가복음 10:10-12은 소돔의 죄악을 환대치 않음으로 규정한다. 개그논은 이사야와 예수님의 말씀에 대해 간단히 소개할 뿐 아무런 코멘트도 달지 않는다.[Gagnon: 79,87] 이 두 본문은 명료하게 소돔의 죄악을 나그네 환대로 풀이한다. 예수님 시대에 동성 성행위는 쟁점이지 않다. 복음서에서 동성 성행위 쟁점은 전혀 없다. 예수께서는 스스로 된 고자도 인식하셨으되[마 19:12], 동성 성행위에 대해 일체의 언급을 하지 않으시며 심지어 소돔이 언급된 맥락에서도 그렇게 하지 않으신다.

유다서 7절은 "다른 육체"라는 표현을 통해 천사와의 관계를 시도한 것을 규탄한다. 문제는 음란, 정욕이다. 이것은 소돔과 고모라를 언급하는 베드로후서 2:6-10에서도 마찬가지이다. 이와 같은 신약 본문들은 모두 소돔과 고모라를 더러운 정욕의 장소로 이해한다. 그리고 이러한 정욕은 이성애에도 고스란히 해당된다는 점에서, 문제는 '더러운 정욕'이라 할 수 있다.

개그논은 무시했지만, 무엇보다 예수께서 소돔을 직접 언급해서 인용하신 본문에 주의해야 한다. 주전 1세기와 주후 1세기 로마 시대에 사람들이 동성애에 대해 가진 이런저런 이해가 있었으며 남자 동성 성행위가 일상적으로 볼 수 있는 광경이었다. 이러한 현실에서 구약 본문에서는 소돔의 상황이 세세히 묘사되었고 요세푸스와 필로, 랍비 문헌도 그에 대해 간략히 언급한다. 이를 생각할 때, 예수께서 소돔을 직접적으로 언급하시되, 사람들의 환대하지 않음, 위선을 폭로하고 지적하는 데에 사용하셨다는 점은 매우 이채롭다. 여기에서 소돔의 죄악상의 핵심은 나그네를 환대하지 않는 오만과 폭력이다.

4. 레위기 18:22; 20:13

본문의 문맥

1971년판 Living Bible의 경우 모든 동성애는 절대적으로 금지된다고 이 구절을 옮기는데, 아예 여성 동성애는 언급조차 되지 않았음에도 당연히 여성 동성 행위도 포함되었다고 여기며 이와 같이 번역한다.Stewart: 298 이와 같은 번역은 레위기 본문에 대한 번역자들의 판단과 해석이 노골적으로 가미된 의역이라 할 수 있다.

18장과 20장은 모두 근친상간과 남자 동성 성행위, 수간, 그리고 몰렉 숭배를 공통으로 지닌다. 특히 18:21-23에서 남자 동성 성행위와 수간, 몰렉 숭배가 나란히 놓인 까닭은 아마도 세 종류

모두 사정射精과 연관되었기 때문이라 볼 수 있으며[Miller: 88-89], 그 때문에 여성 동성 성행위는 다루어지지 않았을 것이다. 몰렉 숭배의 경우 사정과는 무관하지만 '정자'를 의미하는 단어로 18:20에 쓰인 '제라'가 '자녀'의 의미로 18:21에 쓰였기 때문일 것이다. 그런데 문란한 성행위를 가리키는 사항들과 몰렉 숭배가 나란히 놓였다는 점에서, 이 행위의 공통점은 욕망에 대한 지극한 추구, 욕망 숭배라고 할 수 있다. 날 때부터 동물만을 사랑하고 동물과 성행위 하겠다고 태어나는 이는 없을 것이라는 점에서, 수간은 욕망 성취를 위해서라면 뭐든지 행한다는 극대화된 욕망의 절정을 보여준다. 자신의 욕망의 성취를 위해 근친이라 할지라도 그리고 동물이라 할지라도 범하며, 여자가 아닌 남자를 향해서도 참지 않고 욕망을 발산하며, 자신의 욕망을 채워준다면 몰렉에게 자식이라도 바친다. 이들은 욕망이 신이 된 사람들이다. 이와 같은 이해는 소돔과 고모라에 대한 구약과 제2성전기, 신약에서의 이해와 통한다. 그 점에서, 레위기의 남자 동성 성행위 금지 규정을 두고 오늘날 '동성애' 논쟁을 바라보는 시각으로 삼는 것은 적절치 않을 것이다. 오늘날의 '성소수자'들은 욕망을 참지 못해서 누구라도 범하고 관계하는 이들이 아니라, 자신과 같은 생물학적 성을 지닌 이들에게 사랑의 마음을 품는 이들이라는 점에서, 그리고 그

것이 대개의 경우 자신의 선택에 의해서라기보다 주어진 정체성이라는 점에서, 레위기 규정에 직접적으로 해당되지 않는다. 레위기는 욕망의 충족을 위해서라면 그 누구든 무엇이든 범하는 행동을 규탄하고 고발한다.

아울러, 레위기 18장에 금지된 성행위 주체는 거의 대부분 남자이다. 그렇다면 18장은 남자가 자신의 영향권 하에 있는 주변의 존재에 대해 자신의 뜻대로 무엇을 관철하는 행위라고 묶을 수 있다. 이러한 존재로 여성이 있고, 자신의 자녀가 있으며^{몰렉 숭배의 경우}, 짐승이 있다. 이렇게 볼 때, 18장은 결국 남성이 자신의 권력을 휘둘러 상대 존재를 자신의 욕망의 대상으로 삼아버리는 것에 대한 규탄을 그 본질로 한다고 볼 수 있다. 단지 동성 성행위를 금지한 것이 아니라, 근본적으로는 권력 관계, 가부장제에 기반한 권력 관계에 대한 규탄이라 볼 수 있다. 특히 18장이 이 전체의 말씀을 애굽과 가나안 풍속 금지로 시작한다는 점^{레 18:3}에서, 애굽과 가나안으로 대표되는 이방 문화의 본질은 철저히 권력에 기반해서 다른 존재를 대상화시키기라고 말할 수 있을 것이다. 결국 소돔과 기브아 역시 '가나안의 풍습'을 단적으로 보여준다. 다시 한번, 낮추는 이가 큰 자이며 섬기는 자가 높은 자라는 말씀은 이방 문화의 근본을 뒤집고 해체하는 말씀이라 할 수 있다.

18장과 20장를 가로지르는 기준은 '씨'라고 할 수 있다. 그래서 결혼한 여성과의 관계가 문제시되고, 결혼하지 않았더라도 씨가 엉기게 되는 것을 경고한다. 이웃집 아내와의 관계는 문제가 되지만 결혼하지 않은 이웃집 여인과의 관계는 언급되지 않는다. 우리는 이와 같은 관점을 오늘날에도 받아들일 수 있는가? 레위기 본문에는 고대의 가족 개념, 혈연 개념 그리고 경계 개념이 있다. 이 같은 개념에는 토지가 유업으로 이어져야 한다는 점도 있다. 여인과 여인의 딸을 함께 취할 경우 나의 토지는 누구에게 이어질 것인가가 문제가 된다. 아울러 남자 동성 성행위만 언급된 것도 씨 때문일 것이며, 남녀의 수간이 모두 언급된 것도 씨 때문이라 볼 수 있다. 그러므로 레위기에는 고대 가부장제가 전제되어 있고, 그로 인해 '씨'의 중요성을 따라 금지된 성관계를 서술한다.

아울러 '씨'라는 관점과 더불어 레위기가 문제시하는 것은 '삽입'이라 할 수 있다. 남자-남자 관계와 남자의 수간, 여자의 수간은 모두 '삽입'이 이루어지지만, 여자-여자 관계에서는 신체 구조상 삽입이 이루어지지 않는다는 점이 레위기에 여성 성관계가 언급되지 않은 또 다른 까닭이라고 볼 수 있다. 그러므로 레위기의 금지된 성관계는 성관계에 대한 절대적인 명령을 선포하되, 당시의 문화적 틀 안에서 표현한다는 것을 알 수 있다. '삽입'

은 남성성의 상징이었다고 볼 수 있다. 그들에게 성관계의 근본에는 '삽입'과 '씨'가 있다. 오늘날 우리의 이해는 이 부분에서 꽤 달라졌다. 성의 역할이 오직 출산에만 있는 것이 아니게 되었으며 '삽입'만이 성을 누리는 전부도 아니다. 가족 제도와 그에 대한 이해 역시 시대와 함께 변화된다. 그 때에는 당연하던 일부 다처제가 오늘날에는 적어도 법적으로는 허용되지 않는다. 자매를 동시에 취하는 것이 창세기에서는 문제되지 않지만 레위기 율법으로는 문제된다. 문화는 변화한다. 레위기에 전제된 문화적 기준이 오늘날의 기준이 될 수 없다. 그 점에서 레위기가 규정한 남자 동성 성행위 규정은 오늘날과는 전혀 다른 맥락에서 나왔다는 점에 유의해야 하며, 이 본문이 오늘날 동성애자 현실을 다루는 기준이 되기는 어렵다.

그래서 밀그롬은 18장과 20장의 두 구절이 18장과 20장이 금하는 친족 남성과의 성관계를 금지한 것이라 본다.^{Milgrom 2000: 1568-1569; 또한 Stewart: 296-297} 그래서 친족 범위 바깥, 대가족의 수장이 통제할 수 없는 범위 바깥의 동성 관계는 본문의 의도와 무관하다고 본다. 그리고 이 본문이 씨와 연관되어 있다는 점에서, 게이 커플이 자녀를 입양한다면 본문의 의도를 침해하지 않은 것이라고 제안하기도 한다.^{Milgrom 2000: 1568} 이 장들의 맥락을 살펴볼 때 이러한 이해는 나름의 타당성이 있다. 적어도 분명한 것은, 이 본문이 동성 성행위에 대한 포괄적 진술을 의도하지 않는다는 점이다.

아울러 근친상간이나 금지된 성관계와 직접적으로 연관되지 않는 우상 숭배 관련 금지 규정이 18장과 20장에 모두 나온다는 점에서, 우상 숭배와 연관된 어떤 맥락 안에서 이와 같은 금지된 성관계가 발생했을 수도 있음을 생각하게 된다. 특히 18장에서 몰렉 숭배 다음에 동성 성행위가 나온다는 점은 이러한 연관성을 뒷받침하며, 레위기 18장과 20장에 여섯 번이나 쓰인 "가증"^{히, '토에바'} 표현이 구약의 다른 본문에서 우상 숭배와 연결하여 쓰인 경우가 허다하다는 점도 그러한 연관성을 뒷받침한다. 우상 숭배로만 풀이하는 것은 무리이지만, 한 요소로 생각해 볼 수 있다.

그런데 '토에바'의 용례를 상세히 분석하면서 이 용어가 '경계를 넘는 것'과 연관된다는 개그논의 주장은 흥미롭다.^{Gagnon: 117-120} 신명기 22:5은 남자가 여자의 의복을 입는 것을 두고 '토에바'로 규정한다. 여기서 문제가 되는 것이 '경계의 침범'임은 분명하다. 그런데 남자의 긴 머리는 부끄러움이라고 본성이 말하며 여자의 긴 머리는 영광이라고 바울이 말할 때^{고전 11:14-15}, 이 역시 신명기 규정의 이면에 흐르는 원칙과 동일한 사고방식이라 여겨진다. 고린도전서 본문에서 쓰인 '부끄러움'^{헬, '아티미아'} 이 로마서

1:26에서도 "욕심"과 함께 쓰여 동성 성행위에 쓰인다는 점은 주목할 만하다. '토에바' 가 구약에 쓰인 용례와 신명기 22:5, 그리고 고린도전서 11:14과 로마서 1:26의 관련성을 고려할 때, 이 본문에 흐르는 공통된 시각은 '경계를 넘는 것에 대한 반대' 라고 할 수 있다. 이에 대해서는 '해석' 부분에서 좀 더 논의하도록 하겠다.

개그논은 레위기 규정을 오늘에 적용하기 어렵다는 여러 논리에 대해 반박하며 자신의 이유를 설명한다.Gagnon: 128-142 그에 따르면 우상 숭배와의 연관은 20장에서 명확히 찾기 어렵다는 점에서 한계가 있고, 출산하지 못한다는 점에서 금지된다는 견해의 경우 근친상간이나 간음 역시 출산이 이루어지는데도 금지된다는 점에서 한계가 있다고 보았다. 정자가 항문을 통해 대변과 접하게 된다는 주장도 있지만 이성애에서 이루어지는 항문 성교도 금지될 것이지는 않다는 점에서 그런 주장은 설득력이 없다고 본다. 그래서 개그논에게 있어서 남성 동성 성관계 금지의 주된 이유는 창조 질서의 위반이다. 남자와 여자는 해부학적으로나 출산을 위해 상호 보완적인 존재로 지어졌는데 남성 동성 성행위에서는 이러한 젠더 상호 보완성이 깨어진다는 점에서 문제가 된다는 것이다. 아울러 창조 시에 만들어진 젠더의 경계가 침범된다는 점도 지적된다. 동성 행위는 하나님께서 선하고 질서 잡힌 창조를

맡기신 바로 그 피조물에 의해 인간 성애의 근본적인 젠더 뒤틀기를 요하며, 이런 행동은 다른 남자와의 항문 성교 시도를 통해 특히 남성의 성기와 여성의 성기의 적합함^{해부학적, 생리학적, 출산}에서 발견되는 남자와 여자의 상호보완성을 의식적으로 부정하는 것이다.^{Gagnon: 138-139} 그러나 젠더 상호 보완성이 오늘날에 그리 타당하지 못한 개념임은 이미 앞에서 살펴 보았다. 고대 이스라엘 현실에서 개그논의 주장은 타당한 부분이 있겠지만, 그러한 논리가 오늘의 현실에 적용될 수 있는가는 별개의 논의이다.

따로 다루지 않지만, '동성애' 관련으로 구약에 있는 '남색' 본문도 종종 언급된다. 가령, 신명기 23:17은 이스라엘 가운데 "창기"와 "미동"이 없어야 함을 규정하는데, 이 두 단어는 '거룩' 혹은 '구별'을 의미하는 '카도쉬'와 연관된 '케데샤'와 '카데쉬'를 옮긴 것이다. 제의적인 특정한 목적을 위해 '구별'되어 성전에 존재하던 '성전 공창'을 가리킬 것이며 이렇게 성전에 존재하는 창기^{창 38:21,22; 신 23:17; 호 4:14}와 미동^{왕상 14:24; 15:12; 22:46; 왕하 23:7; 욥 36:14}에 대해 여러 본문에서 엿볼 수 있다. 여기서의 "미동"을 두고 그저 '남자 동성애'라 볼 수 없고^{"창기"가 여성 동성애자가 아니듯이}, 설령 동성 성관계라 할지라도 문제가 되는 것은 제의적 매음 행위라는 점일 것이다. 남색 관련 진술이 대개 우상 숭배와 결부되는 것도 이 점을 확인시켜준다.왕상 14:24; 15:12; 왕하 23:7; 호 4:14 신전에서 이루어지는 남녀의 결합과 정액의 분출로 상징되는 풍요와 다산에 대한 기원이 신전 매음 행위의 본질이라는 점에서, 성전에서 남자-남자 결합이 진행되었으리라는 생각은 납득하기 어렵다. 그 점에서 성과 연관된 문제는 이방 제의에 대한 강력한 거부와 반대의 맥락과 연관될 수 있다. 18장을 시작하는 첫머리에 애굽과 가나안의 풍습을 따르지 말라는 거부가 있었던 것도 그와 연관될 것이다.

해석

18:22; 20:13은 모두 '여자와 동침하는 것처럼 남자와 동침하지 말라' 명령한다는 점에서, 남자를 여자처럼 다루는 것이 문제임을 명시한다.Brownson: 82-83,272 그런 점에서 이 본문은 남자가 다루어져야 하는 방식과 여자가 다루어져야 하는 방식의 붕괴를 문제시하는 것이라 볼 수 있다. 마땅히 남자는 남자로 대우되어야 하는데, 남자를 여자처럼 대할 때 근본적인 남자의 역할과 질서가 무너진다고 본 것일 수 있다. 그런 점에서 남녀의 역할과 질서에 대한 인식이 본문 이면에 있으며, 남성 명예의 보호가 관심사라고 볼 수 있다. 그러므로 레위기 본문은 고대 사회의 남성성과 여성성에 대한 인식, 젠더에 대한 인식이 전제되어 있다고 볼 수 있으

며, 이 본문에서 동성애에 대한 어떤 일반적인 결론을 내리는 것은 부적합함을 보여준다.

문맥 이해에서 본 것처럼, 레위기 18장과 20장은 '경계의 침범'에 대해 문제시한다고 볼 수 있다. 경계를 넘어 섞이게 되는 것을 금지하며 정죄한다. 근친상간과 수간, 남성 동성 성행위를 비롯한 금지된 성관계는 그러한 경계 위반이라 할 수 있다. 이러한 연장선 상에서 섞어 짠 옷과 동물의 교배, 한 밭에 두 씨 뿌리기, 두 종류의 가축을 함께 멍에 씌우기 금지 규례레 19:19; 신 22:10-11를 이해할 수 있다.

문제는 고대 이스라엘의 경계가 오늘 우리 시대의 경계와 일치하는가일 것이다. 언제나 이 부분이 쟁점이지만, 개그논 같은 학자는 그에 대해 당연한 것처럼 우리 시대에도 동일하게 레위기를 비롯한 고대 이스라엘의 경계를 적용한다. 그러나 오늘 우리에게 남녀의 옷을 바꾸어 입는 것은 더 이상 경계이지 않으며, 한 밭에 두 종류의 씨를 뿌리는 것도, 남자가 머리를 길게 기르는 것도, 여자가 머리를 짧게 하는 것도 더 이상 아무런 문제이지 않다. 가령, 아동 포르노와 같은 오늘날의 끔찍한 범죄 행위의 경우, 레위기의 금지된 행위 목록에는 아예 언급조차 되지 않는다. 이 같은 행위를 문제 없다고 여겨서 언급하지 않는 것이 아니라 레위기 본문의 전제인 '경계 침범'과는 무관하기 때문이다. 그렇다면 이와 같은 고대의 '경계 침범'은 오늘날에 효력이 전혀 없는데, 왜 동성 성행위라는 '경계 침범'은 오늘날에도 타당하게 적용되어야 하는가? 고대 본문이 말하는 '경계 침범'은 오늘날에도 간직할 보편적이고 본질적인 가르침이되, '경계'에 대한 이해는 마땅히 오늘날 우리 시대의 상황에 따라 달리 규정되고 설명되어야 할 것이다.

기본적으로 18장과 20장은 예외 규정 없이 절대적이고 무조건적인 명령 형태로 서술되어 있다. 그렇다 할지라도 실제 사례에서는 상황에 따라 적용이 달라진다. 가령 유다와 다말의 관계^{창 38}^장는 레위기에서는 문제이지만 시아버지와 며느리 사이라는 것을 알고 있던 다말이나 모르고 있던 유다, 두 사람 다 처형되지 않으며, 알고 있던 다말이 오히려 옳다는 평가까지 주어진다.^{창 38:26} 압살롬과 다윗의 후궁의 성관계^{삼하 16:21-22} 역시 둘 다 죽여야 하지만 그렇게 처리되지 않으며, 다윗을 모욕하는 이와 같은 계략은 "사람이 하나님께 물어서 받은 말씀과 같은 것"이라는 평가가 주어졌다.^{삼하 16:23} 레위기 규정은 원칙을 진술한 것이다. 실제 상황은 세밀하게 검토되어야 마땅할 것이다. 율법은 무차별적으로 규정되라고 주어진 것이 아니다. 신약 교회에서 이와 같은 율법을 이방인에게 부과하지 않겠다는 것은, 구약 율법 전부를 버릴 것이라는 의미가 아니라면 이와 같은 규정들이 본질적으로 의미하는 취지를 따지겠다는 의미일 것이다.

스스로를 더럽히지 말라는 촉구가 18:24-30에 있다. '더럽다'를 의미하는 '타메' 동사가 24절과 30절에 쓰임 여기에서는 가나안 백성이 행하던 가증한 풍속을 따름으로 스스로 더럽히지 말라 촉구한다.18:30 그리고 20장에서 다시 이와 비슷한 말씀이 반복된다.20:7-8,22-26 그런데 몸을 구별하고 '카다쉬'의 히트파엘 거룩히 할 것, 땅에 기는 길짐승으로 스스로 더럽히지 '타메' 말 것에 대한 촉구가 11:43-45에도 있다.43절과 44절에 각각 '타메' 동사가 쓰였다 20:7의 "스스로 깨끗하게 하여 거룩할지어다"는 11:44에서 '몸을 구별하여 거룩할지어다'와 글자 그대로 동일한 표현이다. 하나님께서 만민 중에서 구별하였다는 말씀20:24이 있고, 11장을 염두에 둔 '짐승의 정부정과 새나 기는 것들의 정부정을 유념하여 몸을 더럽히지 말 것'에 대한 촉구도 있다. 20:25; 여기에도 '타메' 동사가 쓰였다 11:43에 있는 '샤카쯔' 동사의 피엘형은 '스스로를 더럽히다'라는 재귀적 용법으로 쓰인 매우 특이한 경우인데, 이곳과 20:25에서만 볼 수 있다. Hawley: 234 그래서 11:43과 20:25은 '너희 스스로를 가증하게 하지/더럽히지 말라'라는 표현을 공통적으로 지닌다. 그리고 11:45과 20:26은 하나님께서 거룩하시니 백성들도 거룩해야 한다는 명령을 공통으로 전한다. 11:44-45가 1-16장에서 특이하고 유일한 표현임을 이미 다루었다. 그러므로 11장은 거룩에 대한 명령이라는 점에서 18장, 20장과 연관된다. 동물의 정부정을 언급한 20:25 역시 이 본문을 11장과 연관시킨다.Mohrmann: 66-67 그러므로 동물의 정부정을 다루는 11장과 금지된 성관계를 다루는 18장, 20장은 동일한 법 취지를 담고 있음을 알 수 있다.[1] 이러한 규례의 목표는 하나님께서 불러내신 백성이 스스로 더럽히지 않게 하는 것, 그래서 스스로를 구별하여 거룩하게 존재하는 것이다. 이 세 장은 '구별과 경계로 표현된 거룩'이라 묶을 수 있다. 동물의 정부정을 판단할 때에도

---

1. 스클라(J. Sklar)는, 11-15장에 반영된 '제의적 부정'(ritual impurity)은 더 이상 신약과 오늘의 시대에 적용되지 않되 18-20장과 같은 본문에 반영된 '도덕적 부정'(moral impurity)은 여전히 타당하며 신약에도 여러 차례 그렇게 인용된 것을 지적하면서, 레위기의 동성 성행위 금지 규정이 오늘날에 해당되지 않는다 주장하는 이들을 반박한다.(Sklar: 174-181) 그러나 '제의적 부정'과 '도덕적 부정'을 그렇게 명료하게 갈라낼 수는 없다. 물론 동물의 정부정, 출산한 여인의 부정, 나병 환자의 부정, 유출병 환자의 부정 같이 오늘날에 해당되지 않는 '제의적 부정'의 명확한 경우도 있지만, 당장 그가 '도덕적 부정'이라 여긴 18장과 20장에도 월경중 여성과의 성관계 금지 규정이 있으며, 19장에는 '두 종류로 섞어 짠 옷을 입지 말라'는 규정도 있다. 무엇보다 11장과 20장에 모두 '거룩'에 대한 명령이 존재한다는 점은, 이 두 장을 손쉽게 '제의적 부정'과 '도덕적 부정'으로 가를 수 없음을 보여준다. 또한 기동연은 11-15장에서 다루는 부정은 제한된 기간 동안의 부정이며 정결 의식을 통해 해소되는 것이지만 18장과 20장의 "거룩법"은 정결법과 차원이 다름을 이야기한다.(기동연: 737) 그러나 정작 그는 11:44-45를 다루면서 이 구절이 20:7, 24, 26과 연관되는 매우 중요한 내용이며 이를 통해 음식법과 성범죄 모두 거룩한 백성을 보여주는 삶의 방식에 관한 것임을 분명히 하였다.(기동연: 394-400) 이를 생각하면, 18장과 20장 동성 성행위 규정을 다루며 정결법과는 다른 차원이라는 진술하는 것은 모순이다.

각각의 동물이 사는 영역, 그리고 그 영역에 고유한 특징을 지니는 것이 중요했고, 마찬가지로 사람의 성관계에 대해서도 각 사람의 고유한 영역이 있고 그에 합당한 규칙을 지키는 것이 중요하다고 볼 수 있다.

그래서 사람은 자신의 아버지 쪽의 여성^{아내, 딸, 자매, 형제의 아내}, 어머니 쪽의 여성^{딸, 자매}, 자신의 형제와 아들에 속한 여성을 취해서는 안 된다. 그 여성들은 내게 속하지 않고 다른 사람에게 속한 여성들이다. 경계를 지킬 것을 보여주는 단적인 예로는, 이웃의 아내와 동침을 금지하되, 이웃의 결혼하지 않은 여성과의 관계에 대해서는 아무런 언급이 없는 것을 들 수 있다. 동일한 취지로, 여인과 여인의 딸을 동시에 취하지 말라와 남자 동성 성관계 금지, 수간 금지를 들 수 있을 것이다. 생리 중 여성과의 관계 금지는 생리 기간 동안 생명을 상징하는 피가 흘러나오는 죽음을 상징하는 부정한 상태라는 점에서, 부정에 닿지 않도록 경계 표시하는 것이라 이해할 수 있다.

이상을 고려할 때, 11장과 18장, 20장은 모두 '구별과 경계로 표현된 거룩'을 말하고 있음을 확인하게 된다. 오늘날 우리는 11장에 있는 동물의 정부정 규례를 지키지 않는다. 사도행전 10장에 있는 베드로의 환상을 둘러싼 내용은 11장의 정부정 규례가 의미하는 바가 구별이며 유대인과 이방인 사이에 있던 그 구별의 선이 이방인 뒤로 옮겨져서 모든 사람이 정함을 선언한다. 즉, 사도행전은 레위기 11장의 문자적 의미를 따르지 않고 본문이 의미하는 가치를 이해하여 당시의 현실에 적용한다. 그렇다면 18장과 20장에 대해서도 우리는 같은 방식을 적용할 수 있을 것이다. 이 두 장은 다른 사람을 대하는 성관계에 있어서 어떻게 대하는 것이 하나님 백성의 구별된 삶인지 이야기한다.

정부정은 시대와 사회에 따라 달라질 수 있다. 이와 비슷한 개념으로 '자연' 헬. '퓌시스' 을 들 수 있다. '자연' 은 문화적으로 전해진 전통들을 정당화하기 위해 사용된 도구로 작동했을 뿐 아니라, '부자연' 이라 묘사된 폭넓은 관행과 행동의 경우 주어진 문화적 전통 안에서도 '자연적'이라는 범주의 정확한 의미를 꼬집어 말하기 어렵다. Williams: 269 가령, 로마 시대에 여인과 황소의 성적 결합, 발을 가진 뱀, 네 날개를 가진 새, 이런 것들은 부자연이라 규정되는데 Williams: 270 이것은 레위기의 정부정 체계와 매우 흡사하다. 윌리암스 Craig Williams 는 로마 시대에 부자연스럽다 여겨진 여러 예들을 열거한다.

가마를 타고 가는 것은 부자연스러운데, 걸을 때 사용하라고 자연이 발을 주었기 때문이며 마찬가지로 손으로 걷는 것과 뒤로 걷는 것도 부자연스럽다; 약하고 오작동하는 몸, 건강한 몸을 해치는 독의 사용, 열과 질병 현상은 자연으로부터의 일탈; 이마에서 머리카락을 뒤로 넘기는 것, 단일 물건을 공동 소유하는 것, 영혼에 대한 육체의 우위 같은 것도 이런저런 방식으로 자연을 거스른다; 몸의 행동거지를 젠더화하는 기술도 자연에 대한 호소로 강화되는데, 어떤 방식으로 앉고 움직이는가가 변덕스러운 부드러운 남자의 특징이며 이를 두고 키케로는 부자연스럽다고 쓴다; 성과 연관한 자연은, 로마 남자는 성기를 사용하며 삽입되어서는 안 된다는 것이다; 동성을 향한 욕망이나 동성 성관계 자체는 부자연이라 규정되지 않는다; 남자를 향해 결혼한 여성과의 위험한 관계를 피하되 그들 자신의 노예, 남자이건 여자이건 그들을 고수하라고 권하는 것은 전형적 로마식이다; 키케로의 경우, 자연이 남자에게 소년들보다는 여성과 성관계 하는 일에 더 큰 허가를 주었다고 쓴다. 자연이 여성과의 관계에 좀 더 허용적이다. 그러나 분명한 것은, 키케로에게 성적 열정 자체가 근심거리이며 당혹스럽고 파괴적일 수 있는 것이라는 점이다; 세네카는 모든 악덕은 자연과 충돌하며 적합한 질서와 안 맞는다고 말한다. 세네카의 부자연 목록에는, 낮에 자고 밤에 술 마시는 것, 빈 속에

술 마시기, 겨울에 장미와 백합을 피게 하는 것, 탑 꼭대기에 과수원을 조성하는 것, 바닷가에 목욕탕을 건설하는 것, 여자와 옷을 바꾸어 입는 것 등이 있으며, 이런 일을 행하는 사람은 자연을 거슬러 사는 것이다. Williams: 270-271

그러므로 정부정 체계는 철저히 문화적이며 고대 세계관에 기반을 둔 것이다. 레위기 18장과 20장 두 장에 나열된 성관계 가운데 오늘날에도 어느 것이 해당되고 어느 것은 해당되지 않는다로 설명하는 것은 부적절하다. 이 가운데 꽤 많은 내용이 오늘날에도 해당된다는 점에서, 이 두 장을 오늘날에도 그대로 받아도 되겠다며 손쉽게 생각할 수 있지만, 그렇게 할 경우 성경 해석은 다시 주관적이고 임의적인 일이 될 것이다. 이 가운데 오늘날에도 해당되는 것은 인간 관계의 근본적 차원을 다루기에 그런 것이지, 기본적으로 18장과 20장의 본문을 글자 그대로 받는 것은 부적절하다. 가령, 자매를 동시에 취하는 것은 아브라함 시대는 문제 없지만, 레위기에서는 문제가 된다. 오늘날에 문화가 바뀌어 문제가 되지 않는다면 이 역시 오늘에 해당되지 않을 수 있다. 요는, 오늘 우리가 그것을 문제 있다고 정죄하는가에 달려 있다는 점이다. 오늘 대부분의 민주주의 국가에서 동성애를 범죄시하지 않는다면,

레위기의 동성 성행위 정죄 본문은 말하고자 하는 본질은 지속되되 형식은 더 이상 해당되지 않는다고 보아야 한다.

레위기는 남성 동성 성행위는 정죄하지만, 여성 동성 성행위에 대해서는 아무런 말이 없다. 이 점만 보아도 이 본문이 당시의 시대적인 상황과 결부되어 있음을 확연히 볼 수 있다. 레위기 규례 전체는 그리스도 안에서 오늘날에 의미 없어졌고, 그 전체가 그리스도 안에서 오늘날에도 여전히 의미 있다. 고대 이스라엘은 그들의 시대에 이와 같은 규례로 구별과 거룩을 표현하였고, 오늘 우리는 우리 시대의 규례로 구별과 거룩을 표현하는 것이 필수적이다. 우리는 성관계에서 다른 사람을 나 자신의 욕망을 따라 제멋대로 취해서는 안될 것이다. 우리와 함께 살아가는 이들은 나의 욕망의 대상이 아니라 그야말로 나의 이웃이며 우리 곁에서 살아가는 사람이다. 레위기는 이웃을 성적으로 대상화시키지 말고 사람으로 귀히 여길 것을 말한다고 볼 수 있다.

우리의 현실은 레위기 시대와는 달리 자신의 성 정체성을 달리 표현하는 이들이 함께 살고 있는 현실이다. 레위기 18장과 20장이 고대 이스라엘에게 명백히 남성 동성 성행위 금지 규정으로 작동했겠지만, 오늘날 성 정체성을 또렷이 표현할 수 있게 되고 그를 가리키는 용어들이 생겨난 시대에 이 본문은 글자 그대로의 의미로 작동하기는 어렵고 그렇게 작동해서도 안 된다. 적어도 레위기 18장과 20장은 상대를 대함에 있어서 경계를 넘지 말 것, 상대를 나의 극대화된 욕망의 대상으로 삼지 말 것을 경고한다.

창세기 1장은 항상 '혼돈에서 질서로' 라는 틀로 읽혀진다. 그러나 그 이래로 신앙 공동체는 질서와 구분을 중시했다. 창세기가 분류하는 대로, 땅의 것은 땅에서 살기에 적합하고 잘 어울리는 구조가 있어야 하고, 물에서 사는 것들은 그에 맞는 구조가, 하늘을 나는 것들을 그에 맞는 구조가 필요하다. 레위기 11장과 신명기 14장은 그러한 논리의 결과라고 할 수 있다. 그로 인해 두 경계를 걸친 것들은 부정하다 규정된다. 그리고 각각의 영역에 어울리지 않는 구조 역시 부정하다 규정된다. 이와 같은 사고는 신앙 공동체 내에서 질서를 강조하게 했다. 질서를 중시하고 질서와 규칙에 어긋나면 다른 어떤 집단보다도 가혹한 정죄와 때로 처벌이 이루어진다. 그러나 우리가 물어야 할 것은 그것이 '무엇을 위한, 누구를 위한 질서인가' 라는 점이다. 벗어남을 참지 못하는 것은 하나님인가, 사람인가? 정결규례는 사도행전에서 재해석된다. 이방인 선교라는 현실 위에서 구약 본문의 명료하고도 분명한 의미는 재해석된다. 그리고 그러한 해석은 정결규례가 본래 의도한, 성도의 거룩한 삶이라는 점에서 매우 타당하다. 정결규례는 사람의 등급을 나누는 것이 목적이 아니라 하나님 백성의 구별된 삶에 목적이 있기 때문이다. 레위기 18장과 20장의 목적 역시 성도의 거룩한 삶에 목적이 있다.

5. 로마서 1:26-27

예수님의 동성 관계 이해

바울이 동성 성행위를 다룬 본문을 살피기에 앞서, 예수께서 이에 대해 어떤 입장을 가지셨을지 간단히 언급할 필요가 있다. 복음서는 동성 성행위에 대해 완전히 침묵한다는 점에서 로마 시대의 빈번했을 동성 성행위에 대해 예수께서 전혀 언급하지 않았다는 사실은 동성 성행위를 그리 문제 삼지 않으신 까닭이라 보는 주장에 대해 개그논은 예수께서 1세기 사람들의 동성 관계에 대한 견해와 크게 다르지 않으셨을 것이라고 상당히 긴 분량으로 주장한다. Gagnon: 185-228 예수께서 창 1:27과 2:24를 이혼과 연관하여 사용하신 것을 고려할 때 이성애 단일 결혼 견해를 가지신 것이라 볼 수 있으며, 성 윤리가 주변 문화보다 더 엄격하시다는 점, 자비와 의에 대한 강조가 동성 관계에 대해 중립이나 긍정적 자세로 이어진다고 보기는 어렵다는 점 등을 고려할 때, 예수님의 동성 성행위에 대한 태도는 부정적이었을 것이라 여긴다. 만일 예수께서 동성 관계에 다른 견해를 가지셨다면 명확히 표현하셨을 것이라 여기기도 한다.

그러나 이러한 내용은 전부 추측일 따름이다. 그보다 훨씬 중요한 것은 율법의 본질을 추구하시는 주님의 자세, 그리고 구약을 '대접받고자 하는 대로 대접하라'로 요약하셨다는 점이다. 마태복음 5장에서 구약 계명의 본질적 의미를 따지는 부분은 모든 사람이 죄인임을 깨닫게 하는 것이고, 모든 사람을 그 본질을 추구하는 삶으로 초대하는 말씀이다. 그렇다면 동성 관계냐 이성 관계냐, 결혼이냐 이혼이냐 보다 훨씬 중요한 문제는 대접받고자 하는 대로 대접하는 삶, 서로 사랑하는 삶이라 할 수 있다. 그러나 개그논에게 이것은 전혀 중요하지 않다. 그는 예수께서 율법을 존중하셨음을 계속 이야기한다. 심지어 예수께서 음식 규례도 폐지하지 않으셨다고 주장한다.[Gagnon: 191] 그야말로 그는 오늘날도 음식 규례를 지키자고 말할 태세다. 예수께서 하신 것은 율법의 본질을 제대로 이루는 것이지, 문자적 준수이지 않다. 개그논은 마가복음 7:21-23에서 예수께서 음란에 대해 이야기하시며 그것이 사람을 더럽힌다 이르신다는 점을 지적한다.[Gagnon: 191] 여기에서 "음란과 도둑질과 살인과 간음과 탐욕과 악독과 속임과 음탕과 질투와 비방과 교만과 우매함"이 언급된다. 성 관련 표현이 군데군데 흩어지고 섞여 있다는 점에서, 이 목록은 모두 성 관련 맥락과 연관된다고 볼 수 있다. 개그논의 말대로, 1세기 유대인은 이와 연관해 레위기 18장과 20장을 떠올렸을 것이다. 그런데 예수께서는 레위기 본문의 핵심으로 바로 음란을 지적하신 것이다. 즉, 여기에 나타난 예수의 레위기 이해의 초점은 음란, 즉 '지나친 욕망'이다.

바울의 동성 성행위 이해
문맥에 따른 이해

이 글에서는 그것만으로도 적지 않은 분량이 될 로마서 1장에 대한 세부적이고 세세한 주석적 풀이를 시도하지는 않을 것이다. 그에 대한 간결한 풀이와 각각의 논쟁은 Hays와 Martin을 참고하라 여기에서는 1:26-17을 둘러싼 기본적인 문맥과 의미를 간략히 다루고, 이 본문에서 동성 성행위와 연관해 필수적이라 여겨지는 로마의 동성 성행위 이해, 그리고 "순리"와 "역리"에 대해 살펴볼 것이다.

로마서 1:18-23은 존재하는 만물에 분명히 하나님의 능력과 신성이 보임에도 사람들이 하나님의 영광을 썩어질 사람과 새와 짐승과 동물 모양의 우상으로 바꾸었다는 점을 고발한다. 그런 점에서 로마서 본문은 동성 성행위의 원인이 우상숭배라고 말한다고 볼 수 있으며, 우상 숭배가 사라지면 동성 성행위도 사라진다

고 말할 수 있을 것이라는 주장도 있다.^{Martin: 338}

하나님의 영광을 우상으로 바꾸었다는 점을 25절에서는 하나님의 진리를 거짓 것으로 바꾸어 피조물을 조물주보다 더 경배하고 섬긴 것이라 풀이하고, 28절 전반절에서는 "마음에 하나님 두기를 싫어한 것"이라 풀이한다고 볼 수 있다. 그렇다면 24절 이하의 나머지 내용은 이러한 우상 숭배에 대해 내려진 하나님의 심판이라 이해할 수 있다. 24절과 26절 첫머리에 놓인 "그러므로"^{헬, '디오'} 와 "이 때문에"^{헬, '디아 투토'} 가 그러한 인과를 설명한다. 24절과 26절, 28절에는 하나님의 심판의 내용으로 '하나님께서 그들을 넘기셨다' 는 표현이 반복되어 쓰였다. 하나님을 경배하지 않고 마음에 하나님 두기를 싫어한 이들을 하나님께서는 "마음의 정욕대로 더러움에"^{24절}, "부끄러운 욕심에"^{26절}, "그 상실한 마음대로" 내버려 두셨다. ^{'넘기다' 를 의미하는 동사 '파라디도미' 를 개역에서는 '내버려 두다' 로 옮겼다} 그렇다면 마음의 정욕, 부끄러운 욕심, 상실한 마음은 서로 대응된다고 볼 수 있다. 그리고 '그들의 몸을 서로 욕되게 하였다' ^{24절}, '여자들과 남자들의 동성 성행위' ^{26-27절}, '합당하지 못한 일로서 불의, 추악, 탐욕, 악의, 시기, 살인 등' ^{28-31절} 역시 서로 대응되는 것이 분명하다. 몸을 서로 욕되게 했다는 것의 내용이 구체적이지 않지만, 마음의 정욕을 따라 성적인 범죄를 비롯한 죄로 규정된 행위를 가리킬 것이라 볼 수 있다. 그리고 28-31절은 악의와 욕망에 사로잡혀 저질러지는 모든 악행들을 열거한다. 그렇다면, 이 두 가지에 대응하는 동성 성행위 역시 과도한 욕망에 사로잡혀 저지르는 행위라고 보는 것이 논리적으로 타당할 것이다. 27절에 쓰인 "서로 향하여 음욕이 불 일 듯 하매" 역시 이 점을 확인시켜 준다. 그렇다면 로마서 본문의 초점은 '과다한 욕망, 조절되지 않는 욕망' 이라 할 수 있다. 또한 Martin: 342

동성 성행위와 연관하여 신약에서 늘 언급되는 또 다른 본문이 고린도전서와 디모데전서에 있다.

> "불의한 자가 하나님의 나라를 유업으로 받지 못할 줄을 알지 못하느냐 미혹을 받지 말라 음행하는 자나 우상 숭배하는 자나 간음하는 자나 탐색하는 자나 남색하는 자나 도적이나 탐욕을 부리는 자나 술 취하는 자나 모욕하는 자나 속여 빼앗는 자들은 하나님의 나라를 유업으로 받지 못하리라" 고전 6:9-10

> "알 것은 이것이니 율법은 옳은 사람을 위하여 세운 것이 아니요 오직 불법한 자와 복종하지 아니하는 자와 경건하지 아니한 자와 죄인과 거룩하지 아니한 자와 망령된 자와 아버지를 죽이는 자와

어머니를 죽이는 자와 살인하는 자며 음행하는 자와 남색하는 자
와 인신매매를 하는 자와 거짓말하는 자와 거짓맹세하는 자와 기
타 바른 교훈을 거스르는 자를 위함이니" 딤전 1:9-10

두 본문에 모두 등장하는 "남색하는 자"로 번역된 헬라말
'아르세노코이타이ἀρσενοκοῖται', 그리고 고린도전서 6:9에서 이 단
어 앞에 놓인 "탐색하는 자" 헬, '말라코이[μαλακοί]' : '부드러움' 이라는 의미로,
남자 동성 성행위에서 여성 역할을 하는 이를 가리킨다고 여겨진다는 '동성애'에 대한
강력한 정죄의 근거로 여겨졌다. 그러나 인용한 구절에서 보듯이
이 단어들 앞뒤에 놓인 표현들은 모두 저질러진 악행에 대한 고발
이다. 이에 근거해서 동성 성행위는 그 자체로 죄라고 말하는 이
들이 많다. 그렇지만, 오늘 우리가 만나는 '동성애자'가 "아버지
를 죽이는 자"와 "어머니를 죽이는 자", "살인하는 자", "우상 숭
배하는 자"와 동일한 죄를 저지른다고 보는 것은 지극히 부당하
며 부적절할 것이다. 여기서 인용한 두 본문은 명백히 자신 마음
대로 온갖 가지 방식으로 다른 사람을 해치고 짓밟고 유린한 행동
을 규탄한다. 이와 같은 본문은 당시 로마에서 바울이 목격한 동
성 성행위가 이같이 상대에 대한 착취와 유린의 차원에서, 어쩌면
고린도 교회를 비롯한 초기 교회 내부에서 이루어졌음을 말하며

바울이 이에 대해 강력히 규탄한다고 볼 수는 있지만, 이를 근거로 오늘날의 '동성애자'를 규정하고 규탄할 수는 없다.

모든 그리스도인은 이 두 본문에서 바울이 규탄하는 죄 목록을 보면서 자신 역시 그에 해당하는 자임을 인정할 것이다. 자신 역시 하나도 더 나을 것 없는 죄인이되, 그 죄를 인정하고 회개하며 이러한 죄에 대해 심각하고 진지하게 받아들여야 할 것이다. 그런데 바울의 목록 가운데 이성애자인 이들에게 하나도 걸림이 되지 않는 목록이 있다. 그것은 동성 성행위에 대한 규탄이다. 한 번도 동성에게 성적인 욕망을 느끼지 않은 대부분의 이성애자들에게 동성 성행위 규탄은 조금도 마음에 부끄러움도 걸림도 없는 죄목일 따름이다. 그런데 이러한 행동을 죄로 규정하며 '동성애자'를 규탄하는 것은 기독교 신앙의 근본에 어긋난다. 다른 사람의 죄악을 돌아보기에 앞서 나 역시 부끄럽지 않은지 돌아보는 것이 마땅할 텐데, 동성 성행위는 전혀 나 자신을 반성할 것도 돌아볼 것도 없는 행실일 따름이다. 자신을 돌아볼 것이 없는 채 다른 이를 정죄하는 것은 그 자체로 복음에 반한다.

이상에서 보듯이, 로마서와 고린도전서, 디모데전서 해당 본문은 상대를 거칠 것 없고 멈추지 않는 욕망에 따라 짓밟고 유린하는 죄악의 맥락 안에서 당시의 동성 성행위를 비판하며 정죄하는 것이라고 볼 수 있다. 서로를 향해 음욕이 불일 듯 한다는 바울의 표현으로 보건대, 이러한 동성 성행위를 집창촌에서 이루어지는 관계라고만 말할 수는 없을 것이다. 그래서 바울이 오늘날의 '동성애' 현상을 어느 정도이건 인지했다고 볼 수도 있지만, 어디까지나 그는 이 현상을 '하나님 두기를 싫어하는 이들의 불일 듯한 욕망'의 가시화로 설명한다. 그 점에서 오늘날 우리 곁에서 만나는 '성소수자'가 자신의 욕망에 따라 상대 의사와 무관하게 상대를 짓밟고 유린하는 성행위자가 아니라는 점에서 이와 같은 본문이 오늘날의 동성애자를 판단하는 데 적합하지 못하다고 결론내릴 수 있다. 사실, 그렇게 자신의 욕망을 따라 상대가 누구이건 상관없이 짓밟고 유린하는 성행위자는 이성애자들 가운데 무수히 볼 수 있고, 그로 인해 희생당한 어린이와 여성의 눈물은 그야말로 인류 역사에 넘쳐흐른다.

로마의 동성 관계 이해

도버 K.J. Dover와 푸코 M. Foucault 이래, 그리스-로마에서 동성애와 이성애는 배타적인 어떤 것이 아니었다는 점이 알려졌다. Williams: xi-xii 크레이그 윌리엄스는 라틴 문헌에 대한 포괄적인 연구를 통해 로마 제국 시대 동성애가 어떻게 이해되었는지 그려준다. 좀 길지만, 그대로 읽어볼 필요 있다.

"로마 남자들 사이에 성행위를 지배하는 전통적인 프로토콜은 무엇이었을까? 먼저 그들의 파트너가 남자냐 여자냐는 상관없었기에, 이러한 질문은 성행위 전반에 대한 프로토콜이라 할 수 있다. 그리고 실제 행동보다는 어떻게 보이고 어떤 이미지를 지녔는가가 중요하다는 점도 있다. 첫 번째이자 가장 중요한 원칙은 스스로를 존중하는 로마 남자는 항상 삽입 행위에서 삽입하는 역할의 모습을 지녀야 하되 수용적 역할이어서는 안 된다는 점이다. 능동적 파트너라야지, 수동적이어서는 안 된다. 로마인들에게 있어서 이것은 남성다운 성적 태도의 주된 지시명령이라 불릴 수 있으며 계층적 사회 구조와 명백히 관련된다. 삽입은 정복이며 남성다움은 지배이다. 두 번째 프로토콜은 그들의 파트너의 지위에 관한 것이며 여기서도 파트너의 성별은 상관없이 해당되는데, 그의 아내를 제외하고 로마의 자유인은 남자이건 여자이건 공식적으로 로마 남자의 성적 파트너가 될 수 없었다. 그래서 노예, 매음 종사자들, 그리고 시민이 아닌 남녀는 아무 문제 없이 로마 시민이 성적 파트너로 삼아도 되었다. 이것만 지켜진다면, 동성간의 성행위는 전혀 눈살 찌푸릴 일이 아니었다. 다음 프로토콜은 처음 두 가지와 같은 방식으로 남자의 성 관습을 제한하는 것은 아니다. 첫 번째 규칙을 어겨 삽입 당할 경우 남성으로서의 정체성에 손상을 미치며 두 번째 규칙을 어길 경우 도덕적 법적 제재를 받게 된다. 세 번째 프로토콜은 규칙이라기보다는 고대 자료에 배어 있는 어떤 경향이라 할 수 있는데, 부드러운 젊은 육체에 대한 현저한 끌림이라 할 수 있다. 문서들에 나타난 남자의 규범적인 성 파트너는 두 부류인데, 한편으로는 여성 혹은 여자 아이전성기를 지난 여자는 확실히 배제된다, 다른 한편으로는 젊은 남자 혹은 소년이며, 성숙한 남자viii는 배제된다. 젊은 남자 혹은 소년은 대체로 오늘날 '청소년' 이라 부르는 나이이다. 이 연령대는 사춘기의 시작과 생식기의 성숙으로 시작하며대략 12-13세 완전하고도 남자다운 턱수염으로 끝에 이른다.대략 20세 사춘기 이전의 어린이도 아니고 아직 남자도 아닌, '젊음의 꽃' 이며 열망을 불러일으킬 절정의 시기이다." Williams: 18-19

"대략 주전 200년부터 주후 200년까지 로마에 살고 있는 자유민 성인 남성의 성 풍습에서 동성애냐 이성애냐의 구분은 중요하지 않았고, 오직 중요한 것은 삽입자 역할로 대표되는 남자의 평판이었다. 상대가 남자냐 여자냐는 이 평판에 아무 상관없었다. 자유민 남녀는 아내를 제외하고 금지 대상이었으며 이러한 사람과의 관계는 "음행"stuprum으로 규정되었고, 수치스러운 행동으로 여겨졌다. 그의 동류 중 하나의 아들, 딸, 아내, 과부와 관계한 것으로 알려진 로마 남자는 도덕주의자의 비난과 법적 처벌을 받았으며, 자유 로마 시민의 온전함이 손상될 만큼 자신의 욕망을 통제할 수 없는 사람으로 그려지게 되었다. 그렇지만 이 경우에도 삽입자 역할이기는 했다면, 그는 남성으로서의 칭호는 유지할 수 있었을 것이다. 여러 비난을 피하기 위해서 그는 몸을 파는 사람자유인이건 노예이건, 남자이건 여자이건, 그리고 자신의 노예남녀를 막론하고를 선택할 수 있다. 세네카와 무소니우스 루푸스 같은 철학자를 제외하고 누구도 노예와 관계하는 권리를 문제시하지 않았고, 몸을 파는 이들과의 관계는 누구도 문제삼지 않았다. 삽입 역할 뿐 아니라, 옷차림, 걸음걸이 등의 영역에서도 여성적으로 보이지 않아야 한다. 재갈 물리지 않은 욕망, 통제되지 않는 자기 방종과 쾌락적 삶으로의 추락 역시 여성스러움의 상징이었다. 오늘날에는 게이 혹은 스트레이트로 분류하겠지만 로마에서는 그렇지 않을 것이다. 로마 용어로, 남자는 둘로 분류된다. 첫 번째는 남자viri로, 여성의 성기에 삽입하거나 남성이나 여성의 항문에 삽입하거나 남성이나 여성에게 구강성교를 하게 하거나, 이 세 가지의 어느 결합이든 행하는 사람이다. 두 번째 부류는 비非남자로 비웃음 당하는데, 자신의 입을 다른 사람의 쾌락을 위해 더럽히거나 항문에 삽입 당함으로 자신의 남성성을 폐기하는 사람이다. 한 성의 파트너와만 성적 즐거움을 누리는 남자는 소수였고 그 말 그대로 특이했다. 오늘날에는 바이섹슈얼이라는 사람이 소수이다." Williams: 247-250

윌리암스의 연구는 로마 시대에 대해 매우 의미심장한 통찰을 전해준다. 이를 생각하면, 바울이 옷 같은 것으로 여성적임을 드러내지 말라 권면한 것도 문화적 맥락 안에 놓여있음을 알 수 있다. 바울은 당시로서는 남자다운 덕목을 여성에게 권하고 있는 셈이다. 단정하게 옷 입고 소박함과 정절로 단장하고 땋은 머리와 금, 진주나 값진 옷으로 하지 말고 오직 선행으로 하라는 권면딤전 2:9-10은 당시 여성관과는 달리 권면하는 것이라 할 수 있다. 여기서 바울은 그가 당대의 문화에 속해 있으며, 특히 젠더화된 남녀 이해에 속해 있음을 명확히 보여준다.

아울러 로마 남성성의 핵심이 "지배"에 있다는 점도 인상적이다. 지배가 남성성이라면 섬기는 자가 높은 자라는 주님의 말씀은 로마 시대의 남성성을 완전히 뒤집는 가르침이라 할 수 있다.

로마의 가치관으로 보기에 예수의 가르침은 매우 '여성화되었다'. 이러한 이해는 바울의 집사와 장로에 대한 권면과도 통한다. 지배와 통제가 로마 남성성의 본질이라 할 때, '사랑으로 서로 종 노릇하라'는 바울의 권면은 로마의 남성성과 정반대의 이야기라 할 수 있다. 종이 되는 것 그것도 누군가에 대한 사랑으로 종이 되는 것은 전혀 남성적이지 않다. 그러므로 이와 같은 가르침은 그 야말로 당시의 시대를 거스르는 가르침이라 할 수 있다.

슈미트^{Arno Schmitt}는 당대의 어떤 이슬람 문화의 동성애와 이성애를 연구하면서, 북아프리카와 남서 아시아 무슬림 사회에서 남자-남자 성관계는 중요한 역할을 하는 반면, "동성애"라는 표현 자체가 없고 낯설며 이성애라는 말 역시 낯설다는 점을 보았다. 여기서 남자-남자 관계는 남자와 비남자 사이에 일어나며, 두 사람을 하나의 카테고리로 묶거나 한 단어로 이름 붙이는 것은 불합리하되 도둑과 도둑 맞은 이를 모두 하나의 '범죄 연루자'로 묶으면서 그들이 기본적으로 동일하다고 암시하는 것만큼이나 불합리하다 여겨진다는 점을 지적한다.^{Schmitt and Sofer: 5,19} **남자-남자 관계는 '동성애'가 아니라 제대로 된 남자와 그렇지 못한 사람 사이의 관계일 따름이라는 것이다.** 그러므로 동성애라는 단어가 없다는 것은 사소한 일이라 할 수 없다. 언어가 없으면 현실도 없다.

성경에는 "동성애"가 없고 남색과 남자-남자 동성 성행위가 있다. 이들은 오늘날과 같은 동성애자라고 말할 수 없다. 바울이 목격한 것은, 로마에서 이루어지던 동성 성행위이지, 동성애이지 않다. 그가 성적 지향을 알았다 하더라도 지금 로마에서 문제가 되는 것은 동성 성행위, 쾌락, 지배 욕구일 것이다. 그럴 때 1장에서 말하는 죄에 대한 규탄과 맥락이 맞다.

그런 점에서, 로마서 본문은 오늘날과 같은 '동성애자'에 대한 고발이라기보다는 '이성애자에 의한 성중독' 내지 '지나친 욕망'의 결과라고 이해하는 학자들이 많다는 점을 납득하게 된다.Gagnon: 380 각주 47에서는 그러한 견해를 지닌 저술들을 언급한다: 또한 Martin: 341-343 고대의 도덕주의자들에게 동성 성행위는 "이성애 욕망의 가장 극단적인 표현"이었다고 할 수 있다.Victor Paul Furnish; Martin: 342

개그논은 동성애자의 성적 지향을 인정한다면 타고난 다른 성적 욕망여러 명과 관계, 어린아이나 짐승에게 끌림이나, 성적이지 않은 욕망폭력, 알콜 중독 같은 것은 왜 정당한 것으로 여기지 않는가를 묻는다. 그러나 그러한 관계는 모두 이웃과의 관계를 파괴한다. 그리고 어린아이나 짐승은 상호간에 동의하며 서로 사랑하기 어려운 관계이며, 삶의 어느 순간에 그렇게 자신의 지향이 그러하다고 발견된다고 말하기도 어렵다. 알콜 중독은 그 사람의 생각과 삶 전체를 규정해 버리며, 폭력은 자신과 이웃의 삶 모두를 파괴한다. 그러나 개그논을 비롯한 '반동성애주의자'는 언제나 동성애자를 수간하고 소아성애하는 이들과 동일시해버린다. 실제로 수간을 행하고 어린 여성을 성폭행하는 이들의 압도적 다수는 이성애자들임에도 말이다.

'자연(헬, '퓌시스')'

로마서 1:26에서 "역리"는 '본성 혹은 자연을 거슬러'^{헬, '파} ^{라 퓌신'}로 직역할 수 있다. 여기서 '자연/본성'으로 옮길 수 있는 단어 '퓌시스'는 고전 11:14에서 남자의 짧은 머리가 '본성'이라는 데에도 쓰였다. 그런 점에서, 이 '퓌시스'는 바울 당시의 당연하고도 상식적인 질서라고 할 수 있다. 드프란자^{Megan K. DeFranza}의 표현을 따르면, '퓌시스'는 "1세기의 그리스-로마 사회와 유대교 사회의 젠더 규범에 대한 통찰을 주는 말"^{스프링클: 130}이다. 이와 같은 표현은 바울의 글에 당시의 상식이 전제되어 있음을 명확히 보여준다. 당연히 이 표현에는 창 1:27에 있는 남자와 여자로 창조하신 하나님도 배경에 있을 것이다. 바울과 당시 유대교는 남자와 여자 사이의 관계가 아닌 것을 부끄러운 욕심이라 여겼을 것이다.

마카베오4서 5:6-13에서 안티오커스는 제사장 엘르아살을 향해 '퓌시스'가 우리에게 허락한 것이니 부정하다 말고 돼지고기를 비롯한 음식을 먹을 것을 요구한다. 그에 대해 엘르아살은 율법을 따라 살아가는 것이 이치에 맞지 않다고 왕이 비웃지만, 율법은 자기 절제를 가르쳐 쾌락과 욕망을 다스리게 하고 남자답도록 훈련시켜 모든 고통을 기꺼이 견뎌내게 한다고 답한다.[5:23] 율법은 정의롭게 살도록 가르쳐 모든 일에 편파적이지 않게 하며, 경건을 가르쳐 합당한 경외 가운데 하나님을 예배하며 살아가게 한다.[5:24] 그래서 엘르아살은 세상의 창조주께서 '순리대로' '카타퓌시스' 법을 주심으로 우리를 긍휼히 여기셨다고 대답한다. 여기에서 왕은 퓌시스, 자연에 존재하는 것이니 마음껏 먹어도 되는 것 아니냐 말하고, 엘르아살은 율법을 통해 자기절제를 가르치신 것을 두고 '자연스럽다', '순리적이다' 말한다고 대답한다. 이방 왕과 유대 제사장 사이의 논쟁은 '퓌시스'를 어떻게 이해하는가에서 차이 난다. 그러므로 엘르아살에게 율법의 본질로서의 '순리'는 자기 절제와 연관된다. 이를 생각하면, 바울의 동성 성행위 규탄은 무절제, 통제하지 않음에서 비롯된다 할 수 있다. 그럴 때 하나님께서 내어 버려두셨다는 진술과도 연결될 것이다. 결론적으로 본문의 핵심은 무절제한 욕망, 끝까지 욕망을 관철시키는 것에 대한 고발과 규탄이라 할 수 있다.

로마 시대 '퓌시스'에 대한 이해는 주후 1세기 스토아 철학자 에픽테투스Epictetus의 글에서도 잘 볼 수 있다.

"이성적으로 인상들을 사용할 수 있는 능력을 지녔다는 점에서 인간이다. 이성적이라는 것은 자연'퓌시스'과 일치한다는 것, 완전하다는 것이다. 이성이 네가 소유한 우월함이라는 요소이다. 그것을 치장하고 아름답게 하라. 머리카락은 그가 조성하신 자에게 그가 원하시는 대로 버려두라. 남자라면 여자가 아니라 남자를 치장하라. 여성은 부드럽고 앙증맞게 태어난다.… '그들은 부드러운 남자를 좋아해요' 그러면 그들이 성적으로 변태를 좋아하면 당신은 그렇게 될 것인가. 남자는 남자이게, 여자는 여자이게 두라. 왜냐하면 너는 육체가 아니고 머리카락이 아니고 도덕적 목적이기 때문이다. 그것을 아름답게 하면 네가 아름다울 것이다. 너의 도덕적 목적을 아름답게 하라, 너의 쓸데 없는 의견을 없애라. 그러면 너의 보잘것없는 육체를 어떻게 다룰까? 그 본성대로ὡς πέφυκεν" *Discourses* 3.1.25-43

지금 에픽테투스는 당시 청년들이 여성의 호감을 얻기 위해 털을 뽑는 것에 대해 그만 둘 것을 강력하게 촉구한다. 청년이 마땅히 자신들의 이성을 계발하는 데 몰두하지 않고, 여성에게 호감 얻는 모양에만 치중한다는 것이다. 이러한 논리는 바울이 디모데전서에서 남자와 여자에게 권면하는 내용과 비슷하다.^{딤전 2:8-15} 이런 이야기의 결론은 '남자다워라' 일 것이다. 고대인들에게 남녀의 특징이 '자연' 으로 표현된다. 필로의 '자연' 이해도 이러한 맥락과 일치한다.

"생리 중 여성과 관계하지 말고 '자연의 법' 헬, '노모스 퓌세오스' 을 존중해야 한다. 자손을 낳는 씨가 상스럽고 때에 맞지 않는 쾌락을 위해 쓸모 없게 낭비되지 않아야 한다는 교훈을 기억해야 한다. 이것은 마치 농부가 술이 취하거나 바보 같아서 밀이나 보리를 평지 대신 연못이나 산줄기에 뿌린 것과 같은데 그 씨가 그들 안에 놓이기 전에 그 땅을 말라버릴 것이다. 자연 역시 매달 마치 자궁이 옥수수들판-신비스러운 특징을 지닌 들판, 그 위에 좋은 농부처럼 그가 알맞은 때가 이르기를 지켜보아야 한다-인 것처럼 자궁을 정결케 한다. 그 들이 여전히 침수되어 있는 동안에 그는 씨를 간직해야 하는데 그렇지 않으면 물 흐름과 함께 소리도 없이 쓸려 가버릴 것이다. 습기는 정자의 왕성함을 느슨하게 할 뿐 아니라 마비시키기도 한다. 자연의 연구소 안에서 자궁은 살아있는 피조물을 만들되 능숙한 기술로 몸과 영혼의 각 부분을 완벽하게 만든다. 그러나 생리가 멈추면, 그는 담대하게 출산케 하는 씨를 뿌려도 되며 더 이상 그가 놓을 것이 사라질 것이라 두려워하지 않아도 된다. 단단하고 돌 많은 땅을 경작하는 이들도 비난되어야 한다. 그들은 출산하지 못하는 여인과 결합하는 이들이다. 가장 음란한 남자들처럼 단지 음탕한 쾌락을 추구하며 그들은 의도적으로 출산의 씨를 파괴한다. 이런 여인과 결합함에 있어서 그들은 어떤 다른 동기를 지닐 수 있을까? 후손에 대한 희망일 수 없는데, 그들이 알고 있는 희망은 필히 이루어지지 못할 것이다. 그것은 과도한 광분이며 도무지 치료할 수 없는 실금이다. 모르고 결혼했고 나중에 이혼하기를 거부한 이들은 양해할 필요 있다. 서로간에 친숙해짐이 강하여 그들은 오래 함께하며 자신들의 영혼에 각인된 옛 사랑의 매력을 없앨 수 없다. 그러나 이미 다른 남편과의 사이에서 자식을 낳을 수 없음이 입증된 여인과 결혼하겠다고 고소하는 이들은 돼지나 염소처럼 성 관계하는 것이며, 그들의 이름은 하나님의 대적자들로 불경건한 자들 목록에 새겨질 것이다. 인류와 살아있는 모든 것에 대한 그의 사랑 가운데 계신 하나님은 모든 종족의 보존과 영구함에 영향을 미치기 위해 어떤 조심도 아끼지 않으신다. 씨의 생명을 떨어뜨려 꺼지게 하는 기술을 가진 사람들은 자연의 대적으로 고백하며 서 있다. 이보다 더 심각한 또 다른 악은 남색이다. 이전에는 언급 만 해도 큰 수치였는데 이제는 능동적인 이 뿐 아니라 수동적 파 트너에게도 자랑거리이다. 이 수동적 파트너들은 자신을 여성화 라는 병을 겪게 하는데 익숙하며 몸과 영혼을 낭비케 하고, 그들 의 남성 성 자연의 불씨가 타도록 여지를 남기지 않는다. 남자들의 화장에 대한 언급이 이어진다 남자를 여자로 변형시킨다. 율법을 순종하 는 자들에 의해 이들은 합당하게도 사형에 해당한다고 판단된다. 율법은 자연의 훌륭한 주조를 저하시키는 남자-여자는 하루 혹 은 심지어 한 시간이라도 살지 않도록 처벌되어도 보복되지 않도 록 사라져야 한다고 명령하는데, 이들은 그 자신, 그의 집, 그의 원 민족과 모든 인류에게 수치이다. 이러한 이를 사랑하는 이는 같은 처벌에 처해진다고 여길 수 있다. 그는 부자연스러운헬, '파라 퓌신' 쾌락을 추구하고 출산의 수단을 파괴함을 통해 도시를 황폐 하게 하고 사람이 살지 못하게 하는데 자신의 최선을 다한다. 게 다가 그는 마땅히 강건함과 건장함으로 제대로 훈련되어야 할 청 년의 혈색을 연장시키고 그 황금기의 꽃을 거세함을 통해 남자답 지 못하게 하고 여성화시키는 심각한 악에 있어서 선생이요 교사 가 됨에 아무 해가 없다고 여긴다. 마침내, 나쁜 농부처럼 그는 깊은 토양의 열매 가득한 들판을 메마른 채로 내버려 두고 아무 것도 자라지 않을 토양을 밤낮으로 노동한다." *On the Special Laws* 3.32-39

인용한 부분의 전체 내용은 출산을 위한 남자의 씨, 여성의 들과 같은 자궁에 초점이 있다. 남자와의 성관계는 그 남자를 여성화시키는 것이며 씨의 생명을 없애버리는 것, 낭비이다. 여기에 필로는 '자연' 을 전제로 삼는다. 그는 상대 여성이 출산하지 못한다는 것을 알면서도 결혼하는 것은 탐욕에 기인한 것이라 여긴다. 그에게 그런 여인은 단단하고 돌 많은 땅이다. 마치 예수님의 씨 뿌리는 비유를 떠올리게 한다. 그래서 그는 세 종류의 남자를 이와 연관하여 표현한다 – 연못에 뿌린 이, 단단하고 돌 많은 땅에 뿌린 이, 그리고 아예 땅을 황폐하게 만든 이. 개그논은 필로의 글을 설명하면서, 남성 성기에서 나온 정자가 오직 여성의 자궁에 삽입할 때에만 '뿌리를 내리며' 생명을 가꾼다는 사실은 이성애 관계에 대해 하나님께서 자연에 배타적으로 계획하셨음을 보여주는 명확하고도 설득력 있는 증거라고 주장한다. Gagnon: 169 누구도 이를 부정하지 않는다. 오늘날의 동성애자들도 이를 부정하지 않을 것이다. 그렇게 열심히 이성애를 나누는 것을 누구도 뭐라 비판하지 않을 것이다. 다만 이것이 동성 커플보고 출산하지 않는다고 정죄할 이유는 아니라는 것이다. 그런 논리라면 무수한 비혼자들을 비난해야 할 것이다. 그런 논리라면 필로처럼 출산하지 못하는 여성과의 결혼을 반대해야 할 것이다. 필로의 진술은 철저히 사회적 시대적 맥락 안에 있다. 그는 레위기 진술을 자신의 시대 안으로 해석한다.

고대 유대 문헌에서 동성 관계가 자연을 거스른다고 본 까닭을 개그논은 네 가지로 정리해서 다룬다.Gagnon: 161-183: 출산으로 이어지지 않는다는 점에서, 서로 보완하지 않는 둘을 결합함을 통해 하나님께서 남성과 여성에 찍어놓은 성적인 표시에 맞선 것, 욕망의 지나침, 동물도 행하지 않는 것. 개그논의 모든 강조는 첫 번째와 두 번째에 있다. 그는 이 두 가지의 경우 구약에서도 발견되며 오늘 현실에도 타당하다고 본다. 그러나 출산과 젠더 보완성이라는 요소는 이미 앞에서 다루었듯이 오늘날 현실에 타당성을 찾기 어렵고 오히려 세 번째 요소인 '욕망의 지나침' 이야말로 현대 성 윤리와 연관해 여전히 타당한 요소라 할 수 있다.

요세푸스는 *Against Apion* 2.273-75에서 동성 성행위가 쾌락을 위한 것이라고 인식한다. 요세푸스와 필로, 스토아 철학자들에게 쾌락을 위한 성 관계는 자연을 거스르는 것이며, 그 절정이 남자 동성 행위라는 것이다. 이것은 플라톤에서부터 볼 수 있다. *Laws* 636A-C; 836C-F; Martin: 345-346에서 재인용; 그러나 플라톤은 『파이드로스』 250E 에서 보듯 이성 성행위 역시 '쾌락' 추구를 기본으로 한다는 점에서 '자연의 이치'에서 어긋나며 이데아 추구와 대조된다고 고발한다 그리스-로마에 이르러서 '자연'이라는 범주가 등장한다. 그 점에서 성에 대해 평가하는 기준 역시 시대와 철학에 따라 차이 난다. 바울이 로마서에서 이 용어를 사용하는 것은 지극히 1세기적이다. 바울도 시대 안에서 살고 있는 것이다. 그의 범주가 시대 안에 있다면, 그의 범주가 오늘의 시대까지 포괄해 내기는 어렵다고 할 수 있다.

앞서 보았듯이 윌리암스는 로마 시대 당시 '남성성'이 무엇을 의미하는지를 보였다.^{Williams: 248-249} 그에 따르면, 남성은 그의 옷에서, 그의 걸음걸이나 말하는 방식에서, 그의 몸에 대한 자신의 관심에서 가령 향수를 너무 써도 안되고 제모를 부적절하게 해도 안 된다 여성스러움을 보이지 않아야 하며, 혹은 억제되지 않은 욕망을 표출하거나 통제되지 않은 방탕과 쾌락의 삶으로 추락함과 같은 여성스러움을 보여서도 안 된다. 우아한 걸음걸이, 향수를 흘리는 것, 연인인 여성으로 둘러싸여 있는 것이 여성화되었음을 보여주는 공격거리였다. 중요한 것은 파트너가 동성이냐 이성이냐가 아니라 그가 어떤 행태로 서로 연관되는가 삽입 당하는 것은 남자답지 못하며 입으로 상대를 즐겁게 하는 것도 마찬가지였다 그리고 그가 받아들일만한 '남성적' 삶의 방식-자기 통제와 지나치게 방탕하지 않음-으로 살고 있는가 였다. 그 점에서 고린도전서 11:2-16 본문은 중요하다. 이 본문은 바울이 무엇이 본성에 거스르고 부자연스러우며 부적절한 지에 대한 당시의 젠더 규범, 남녀의 역할과 지위 구분을 고수하고 있음을 분명히 보여준다. 바울에게는 "젠더를 모호하게 만들기"gender ambiguity가 부자연스러움을 결정하는 결정적인 기준이라 할 수 있다. Brooten: 252

바울은 남자가 머리를 짧게 하는 것이 본성이라 여기지만고전 11:14, 오늘날까지도 예수님을 묘사한 그림에 등장한 예수님의 머리는 오늘날보다 더 길다. 로마 시대 남자의 머리는 여자와 구별하기 위해 짧아야 했다. 아우구스투스의 머리 조각상, 도미티아누스 황제의 흉상은 그의 짧은 머리를 잘 보여준다. 반면, 영국의 경우 대영제국 시절 권위의 상징으로 긴 머리의 흰 가발을 착용했다. 이 경우 길고 짧은 것 자체가 상대적일 따름이다. 적어도 바울의 '자연' 이해는 당대에 제한된 것임을 알 수 있다. 이러한 '자연'에는 보편 타당한 것도 있을 수 있고, 당대에 제한되는 것도 있을 것이다. 그러므로 바울의 '자연'은 해석되어야 하는 것이지, 규범적인 것이 아니다. 여성은 머리를 기르거나 머리에 무엇을 쓰는 것이 요구된다. 여성이 머리에 무엇을 써야 하는 것은 로마 사회에서도 권장된다. 세네카 역시 남성을 유혹하지 않도록 팔라를 쓰도록 권한다. Seneca the Elder, *Controversiae* 2.7.6 팔라는 결혼한 존경받는 여성의 상징으로 위엄과 성적 단정함을 나타내었다. 이것이야말로 바울이 권면한 핵심일 것이다. 남성을 유혹하는 존재로서의 여성이라는 인식이 바울에게 있다. 그에게 여자는 남자를 위하여 지음 받은 존재고전 11:9, 양육하고 보호해야 할 존재, 즉 흠과 결함이 있는 존재로서의 여성엡 5:25-29, 늘 배우나 끝내 진리의 지식에 이르지 못하는 어리석은 여자딤후 3:6-7이며, 정숙과 단정에 대한 강조딤전 2:8-15도 이와 연관될 것이다. 참 과부에 대한 강조는 있지만 참 홀아비는 언급하지 않는다. 이것은 여성에게 정숙을 요구하는 사회와 연관될 것이다.딤전 5:1-16 로마서 1:26이 말하는 "순리대로" *τὴν φυσικὴν χρῆσιν*는 남성과 여성의 성관계이다. 1세기 사람에게 여성은 삽입 당하는 사람이다. 그것이 매음이든, 성폭행이든. 그러므로 고린도전서 11:14에 쓰인 바울의 '퓌시스' 이해는 그의 이해가 당대의 상식과 관습과 무관하지 않음을 분명히 보여준다.

이제까지 본 대로, 로마 사회에서 자연스러움과 부자연스러움은 남성의 능동적 역할과 여성의 수동적 역할로 규정되며, 이러한 경계를 넘을 경우 사회는 그를 가리켜 '역리로'라고 평가한다.Brooten: 1-2 그런 점에서 브루텐Bernadette J. Brooten은 리처드 헤이스를 비판한다.Brooten: 245 각주 86 그녀는 바울과 그의 동시대인들이 '자연적인 것'이라고 여긴 성 구별에 대해 질문하지 않았다는 점에서 헤이스의 약점이 있다고 비판한다. 헤이스는 바울이 하나님이 지으신 세상이 어떠해야 한다는 직관적 개념에 호소함을 인정하며 유대와 비유대 헬라 사상가들이 바울의 본성 이해를 형성했으리라고 인식하지만, 이 사상가들의 본성 이해가 여성의 열등함에 기반한 성 구별과 같이 젠더화 되어있음을 전혀 말하지 않는다. 요세푸스 역시 남녀의 자연스러운 결합을 이야기하되 모든 면에서 남성보다 열등한 여성 그래서 남편에게 순종해야 하는 아내를 이야기한다. 또한 남남 관계나 여여 관계가 고대 세계에 동일하게 다루어졌으리라 말하지만 고대 자료에 따르면 그렇지 않다. 결국 그는 성경의 권위만큼이나 바울과 동시대인들의 문화가 형성한 고대인들의 권위를 인정한 셈이다.

그러나 개그논은 로마서에서의 "순리"를 남녀의 해부학적 출산의 보완성을 가리키는 표현으로 이해한다.Gagnon: 254-270 이방인들도 남자-남자 관계나 여자-여자 관계는 '자연'에 거스른다는 것을 알았다고 본다. 그래서 그는 남자를 위해서는 항문이나 입이 아니라 여성의 성기야말로 상호의 쾌락과 출산을 위한 보완임을 반복해서 다룬다.Gagnon: 254-255 그러나 이와 같은 이해는 성기와 성기의 결합이 아닌 모든 애정 행위를 '역리'로 만들어 버린다. 젠더의 상호보완성에 입각한 그의 논리는 바울이 고린도전서 11장에서 남자의 짧은 머리와 연관하여 '퓌시스'가 쓰인 점을 명쾌하게 설명하지 못한다.

결국 바울에게 '퓌시스'는 1세기 로마의 관습과 인습과 무관하지 않으며 이러한 시각이 그의 동성 성행위 행위 비판에 연관되어 있다고 여겨진다. 당대 로마에 압도적인 것은 권력과 지위에 있어서 기울어진 관계에서 이루어지는 동성 성행위이다. 그리스의 경우 남색이 존재했는데 이 역시 기울어진 관계에서 비롯된 것이다. 바울이 보았던 로마의 일반적인 동성 성행위는 이런 형태의 행위였다. 바울은 이렇게 남자와 여자의 규범, '자연'을 거슬러 그저 욕망을 따라 이루어지는 부당한 행위에 대해 강력히 규탄하고 고발한다고 결론 내릴 수 있다.

로마서 본문 해석

로마 시대에 대한 이제까지의 관찰과 설명은 이미 바울의 언급이 문맥만이 아니라 당대의 문화 안에 놓여 있음을 충분히 보여주었다. 여기에서는 이제까지의 고찰을 종합하며 요약한다.

바울이 로마서 1장에서 동성 성행위 가운데서도 여성 사이의 동성 성행위를 먼저 다룬 까닭은 분명하지 않지만, 아마도 레위기에서는 남성 관계만을 다루기에 여성 역시 마찬가지임을 두드러지게 보이려는 의도, 혹은 바울에게 좀 더 충격적인 일이라 먼저 다루었다고 볼 수도 있다.Brooten: 240; Gagnon: 299-300 이러한 배열에서도 바울이 로마 사회의 상식적인 이해의 틀 안에 놓여 있음을 볼 수 있다.

바울이 동성 성행위에 대해 예외 없이 규탄했다는 점은 분명하다. 그러나 바울을 비롯해서 요세푸스와 같은 당시 유대인들은 모든 면에서 남성보다 열등한 여성, 남성에게 순종하는 아내에 대해 언급한다. 바울의 견해에는 동시대 유대인과 헬라 사상가의 견해, '젠더화된 여성 이해'가 깔려 있다. 이 견해는 철저하게 남녀의 질서에 기반하며 여자가 남자보다 아래에 있다고 여긴다. "…로마서 1:26에서 '여자들도 … 바꾸어'가 있는데, 바꾸다를 의미하는 능동 동사의 주어로 여자들이 있다는 점에서 특별하다. 수컷과 암컷의 결합 시에 항상 수컷이 주어이면 능동으로, 암컷이 주어이면 수동으로 표현된다. 결혼 역시 남자가 주어이면 능동, 여자가 주어이면 수동이다.마 22:30; 24:38; 막 12:25; 눅 17:27; 20:35; 고전 7:38 …."Brooten: 246 당시의 여러 본문들은 "능동적이며 지배하는 사람과 수동적이며 종속된 사람 사이의 성관계를 규범으로 여겼음을 보여준다. " Brooten: 250-251 그래서 남성 성관계는 긍정하기도 하고 부정하기도 하지만, 로마 시대 문헌들은 상류층에서 하류층, 애굽 사람에서 유대 랍비에 이르기까지 일치되게 여성 성관계를 정죄 하는데, 이것의 핵심적이고 중심적 근거는 성 역할을 넘어섰다는 점이다. Brooten: 359 결국 결혼한 여자는 남자 아래에 있어야 한다는 바울의 인식은 철저히 그 시대의 인식이라 할 수 있다.

그 유명한 갈라디아서 3:28에 '동성애자' 언급이 없다. 그 러나 거기에 이에 대한 언급이 있는가 없는가가 기준이 되지는 않 을 것이다. 중요한 것은 이 구절이 말하고자 하는 취지이다. 이 구 절은 당시까지 바울이 인식한 사람의 다양한 범주이다. 만일 바울 이 성 정체성이 다른 사람을 만났더라면 이 범주가 더 확장이 되 지 않았을까? 갈라디아 구절이 해석의 중요한 기준이 되는 것은 분명하지만, 이 구절에도 역시 시대적 한계가 반영되어 있다는 점 을 간과하지 말아야 한다. 바울에 근거해서 바울이 동성애를 반대 했다는 수많은 이들의 연구는 바울의 견해가 그 시대의 흐름 안에 있다는 점을 간과한다고 여겨진다. 명백히 바울은 동성 성행위를 죄로 보았다. 그러나 그것은 그 시대의 의학, 문화, 사상의 반영이 며, 거기에는 스토아 사상도 있고 토라의 영향, 당시 유대교의 영 향도 있다. 그러나 우리는 그 배경이 달라진 시대를 살고 있다. 훗날에 외계인의 존재를 확인하게 되면 우리는 갈라디아 구절에 외계인을 추가해야 할 수도 있다. 지동설이 확인되기까지 사람들은 지구가 돈다는 이들을 미친 사람 취급하며 지연스럽지 않다 여겼을 것이다. 과학의 발전이 성경을 제대로 깊이 보게 한다. 그런 점에서, 정말 중요한 것은 의학과 과학의 진전이라고도 볼 수 있다. 현대 과학과 의학의 발전은 동성애에 대한 오늘의 논의를 완전히 뒤바꾸어 버릴 수 있을 것이며, 교회는 그에 귀를 기울여야 할 것이다.

개그논은 로마 시대에도 난잡하지 않고 지속적인 동성 사이 사랑이 존재했음을 보인다.^{Gagnon: 350-354} 플라톤의 『향연』은 동성 간의 사랑이야말로 욕망이 배제된 가장 순수한 형태의 사랑이라 제시한다.『향연』191E-192C, 192E, 193C에는 동성을 향한 사랑이 퓌시스라고 하는 내용, 남자가 남자와 한 몸이 될 것이라는 언급이 있다 그래서 바울은 오늘날 동성애자들이 주장하는 서로간에 사랑에 기반을 둔 동성애에 대해서도 알고 있었으며 동성애의 모든 형태에 대해 강력하게 정죄한 것이라고 개그논은 주장한다. 그렇지만 바울이 그러한 현실을 알았더라도 그렇게 평화롭게 살아가는 이들을 두고 정죄한다는 것은 설득력이 없다. 바울이 이와 같은 부분을 꼬집어 쓰는 까닭은 바울이 목격하고 문제시된 어떤 현상이 있기 때문일 것이며, 그것이 본질적으로 로마의 우상 숭배처럼 의도적인 거역으로 보였기 때문이다. 여기서 바울이 문제 삼는 것은 소수의 사람들에 의해 이루어지는 신실한 동성 관계가 아니라 로마에 편만한, 보편적인 현상에 대해 이야기하는 것이다. 그럴 때 당연히 이 현상의 본질은 탐욕, 이기적 욕망, 도에 지나치는 욕망일 것이다. ^{이러한 분석을 Brwonson: 266-267에서 도 볼 수 있다} 사실 플라톤의 글이나 고대 문헌에 나오는 동성 결합의 아름다운 측면에 대한 묘사와 보다 더 직접적으로 맥이 통하는 내용은 시편 133편의 '형제가 동거함에 대한 예찬' 일 것이다.

메간 드프란자는 이방인을 이스라엘이라는 좋은 감람나무에 접붙인 사건을 바울이 '본성을 거스른' ^{헬, '파라 퓌신'} 것이라 표현한다는 점에 주목한다. ^{롬 11:24; 스프링클: 148} 게이 등의 부부를 인정하여 함께 부부로 포괄하는 것도 그렇게 볼 수 있지 않을까? '순리' 와 '역리' 에 해당하는 표현이 함께 쓰인 예가 바로 로마서 11:24이다. 구약은 선민 이스라엘을 이야기한다. 예수 그리스도에 이르러 이 복음은 온 열방을 향한 것으로 확장되었다. 바울은 이를 두고 '본성을 거슬러 ^{'파라 퓌신'} ' 로 표기한다. 근본적으로, 우리네 복음 자체의 본질적 특징은 그렇게 '본성을 거스르는 것' 이지 않은가! 노예를 부르신 하나님, 나그네를 선택하신 하나님, 그리고 이방인을 부르신 하나님, 죄인을 부르신 하나님으로 인해 이스라엘도 오늘 우리도 하나님 백성 공동체에 속하게 되었다. 그렇다면 오늘날에 성소수자 커플도 부부의 범주 안에 포함시키는 것역시 그렇게 교회가 하나님을 본받아 한 걸음 나아가는 것이지 않을까?

브라운슨은 로마서 본문의 표면적인 의미를 통해 참으로 말하고자 하는 내용을 다음과 같이 정리한다.Brownson: 267: '교회는 욕망에 맞서야 한다, 지배, 통제, 만족할 줄 모름, 상호성의 결여로 특징되는 모든 성관계에 맞서야 한다'. 교회는 모든 성관계는 상호적이며 동의에 입각해야 하고 함께 하는 상대를 명예롭게 대해야 한다는 것을 주장해야 한다. 교회는 성 관계는 동의하는 성인 사이의 '사적인' 문제라는 오늘날의 가정에 맞서야 하며, 사회 질서에 대한 더 큰 관심과 더 큰 사회적 환경적 맥락이 성 윤리와 무관하다는 오늘날의 가정에 맞서야 한다.

6. 노예제도, 여성차별과 동성애는 같은 맥락이라고 볼 수 있는가?

동성애는 구약과 신약에서 모두 죄라고 규정되지만, 노예제도와 여성 차별은 명시적으로 그렇게 언급되지 않는다는 점에서 차이가 있다. 그러나 바울 서신에서 여성의 지위는 하와의 범죄와 연관하여 설명된다는 점에서, 죄라고 규정하지는 않지만 차별을 정당화하는 논리의 여지가 충분히 존재한다. 노예 제도의 경우, 창세기 9장 노아의 저주 역시 죄와 연관하여 노예됨을 명령한다는 점은 분명하다. 명시적이고 노골적으로 죄로 규정되는 동성애와 정도의 차이는 있지만, 죄와 연관되어 규정되고 설명된다는 점은 공통된다고 할 수 있다. 아울러 노예 제도와 여성 차별, 동성애 금지는 모두 주어진 권력 관계를 당연하고 마땅한 것으로 여긴다는 점에서 공통된다. 주인과 종의 권력 관계, 남자와 여자의 권력 관계는 손상되거나 공격받지 않아야 하는 기본 질서라는 인식이 있고, 그로 인해 성경의 문자는 빈번하게 이러한 질서를 정당화하는 수단으로 쓰인다.

3. 우리 가운데 있는 낯선 이웃

2500명 가운데 한 명꼴로 남녀라 판정하기 어려운 생식기를 지닌 사람이 있으며 이 가운데 많은 수가 유아기 혹은 어린 시절에 외과적 수술을 통해 하나의 성으로 결정된다.Cornwall: 1-2 이러한 수술은 '정상'을 벗어난 존재를 인정하거나 용납하기 어렵고 그에 따라 살아가기 어려운 우리 현실을 반영한다. 이 경우 '정상'이라는 범주는 수많은 사람을 '비정상'으로 묶어 버린다. 그러나 무엇이 '정상'이며 무엇이 '비정상'인가? '있는 모습 그대로' 사랑한다는 표현은 이 상황에서 무엇을 의미할까? '정상'을 말하는 집단이나 종교일수록 그 '정상'에 해당되지 않는 많은 이들은 극심한 고통 가운데 살아가야 한다. 이 경우 그렇게 '정상'을 말하는 집단이 과연 인류 구원의 진리일 수 있을까?

제3이사야가 전하는 회복에 "고자"가 포함된다는 점사 56:4-5도 간과할 수 없다. 글 첫머리에 언급했듯이 레위기 21:20의 "고환 상한 자"와 신명기 23:1의 "고환이 상한 자나 음경이 잘린 자"

는 아마도 오늘날의 간성인을 가리킬 것이다. 정확히 어떤 상태인지 알 수 없지만, 성기의 상태가 다른 사람과 달랐던 이들이라는 점에서, 오늘날 성소수자와 통하는 바가 있다고 볼 수 있다. 레위기 규례는 이들이 제사장 직무를 수행할 수 없다고 규정하고, 신명기에 따르면 이들은 여호와의 총회에 들어올 수 없다. 그러나 제3이사야는 하나님께서 "내 집", 즉 성전에서 그들에게 "아들이나 딸보다 나은 기념물과 이름", "영원한 이름"을 주신다고 선언한다.[사 56:5] 자신의 성별 규정이 명확한 아들이나 딸보다 고자에게 더 영원한 이름을 주신다는 것이다. 이름과 자손이야말로 구약이 생각하는 '영원' eternity의 핵심인데, 고자에게 가장 영원한 이름이 주어진다. 이사야서 말씀은 레위기와 신명기 말씀을 폐기하는 것이 아니라, 그 본질적 의미를 재해석한다고 보아야 할 것이다.

이 점은 "고자"의 여러 종류에 대해 호의적으로 언급하신 주님의 말씀[마 19:12]과도 통할 것이다. 예수께서는 그 시대에 전통적인 남자와 여자 외에 다른 성적 형태의 '성소수자'들이 존재하는 것을 아시고 인정하셨다고 할 수 있다. 이 "고자"는 태어날 때부터 그러했든, 스스로 그렇게 한 것이든, 하나님 나라에 참여하고 누리는 것에 아무런 문제가 없다. 가톨릭 성경에 실린 솔로몬의 지혜의 한 구절 역시 이사야서와 거의 동일한 내용을 전한다.

"제 손으로 무도한 짓을 저지르지 않고 주님께 악한 것을 생각해 내지 않는 고자도 행복하여라. 그는 자기의 믿음 덕분에 특별한 은총을 받고 주님의 성전에서 아주 흡족한 몫을 받을 것이다." 솔로몬의 지혜 3:14 믿음으로 말미암아 그는 특별한 은총을 받으며 주님의 성전에 '더 기쁜 유업'을 받을 것이다.

　　신약 성경은 이에 대한 구체적 사례를 보여준다고 할 수 있는데, 이사야서 말씀을 읽으며 고민하는 이디오피아 "내시"에게 빌립이 예수를 가르치고 세례를 베푸는 장면이 그것이다. 행 8:26-39 복음을 전하고 세례를 베푸는 데 있어서, 그가 "내시"라는 점은 아무런 문제가 되지 않았다. 1세기 로마에서 내시는 천대되고 남자다움을 잃어버린 자로 여겨졌으며, 법정에서의 증언이나 유언을 말할 자격조차 없는 이로 여겨졌지만DeFranza: 61-62, 73쪽 각주 52, 이사야서와 1세기 교회는 그와 전혀 다른 모습을 우리에게 전해준다. 흔히 우리네 교회는 동성애자들을 향해 '생육하고 번성하라'는 창세기 명령을 따를 수 없다는 이유로 정죄하고 부정하기 일쑤이지만, 제3이사야와 복음서, 사도행전은 자녀를 얻을 수 없는 "고자"가 그 영광의 나라에 참여하고 누리며 영원한 이름을 얻게 될 것임을 명확하게 증언한다. 이사야 56장의 "고자" 본문은 하나님이 베푸실 회복의 폭이 얼마나 넓은지를 단적으로 보여준다. 구약의 개념에서 상상도 하기 어려운 집단이 고자일 것이다. 그러나 이사야가 그리는 회복의 세상은 그러한 세계관을 단번에 뛰어 넘는다.

고대 사람들에게 고자는 칼로 무 베듯 구분하기 어려운 존재였으며 '다른 사람'이었다. "법적으로 다른 사람, 도덕적으로 다른 사람, 성적으로 다른 사람, 사회적으로 다른 사람, 종교적으로 다른 사람, 윤리적으로 다른 사람이기에, 그들은 4세기 로마의 시인 클라우디우스 마메르티누스^{Claudius Mamertinus}가 멋지게 표현한 대로 '이쪽 성에도 속하지 않고 저쪽 성에도 속하지 않은, 인류라는 사회로부터 쫓겨난 자'였다."^{DeFaranza: 64} 그런 점에서 고자는 그 자체로 우리의 고정된 관념과 생각에 경종을 울리는 예언자라고 말할 수 있을 것이다.

4. 함께 살아가는 세상

구약과 신약에서 '동성애'를 다룬다고 여겨진 본문은 기본적으로 오늘날의 '동성애'가 아닌 '동성 성행위'를 다룬다. 문맥상 나그네와 약자에 대한 짓밟음과 폭력, 과도하고 절제되지 않는 욕망의 맥락에서 동성 성행위가 언급된다. 아울러 각각의 본문은 고대 이스라엘과 1세기 로마의 문화와 세계관을 배경에 전제한다. 그래서 성은 남자와 여자만 존재하고, 남자는 능동적이고 여자는 수동적이다. 성경에서 고발되는 동성 성행위는 욕망을 끝없이 추구하느라 이러한 경계를 넘어간 행위라 볼 수 있다. 그래서 구약과 신약 본문에 근거하여 오늘날의 동성애를 평가하는 것은 타당하지 않다.

1933년 1월 히틀러는 독일 총리로 임명되었다. 나치가 집권한 이래 성과 관련한 나치 정책의 초점은 "건전한 성"이었는데, 여기서 "건전한 성"은 이성 간의 성, 생식을 위한 성, 난교가 아닌 점잖은 성 세 가지를 가리킨다. ^{김학이: 364} 매춘이 범죄로 규정되었고, 성 관련 상담소들이 폐쇄되었으며, "유전병자 출생 방지법"을 제정하여 선천적 정신지체자나 정신이상자, 조울증 환자, 유전적인 맹인과 귀머거리인 사람들의 출산을 금지해서 불임 수술을 받게 했는데, 이 와중에 적지 않은 사람들이 수술 후유증으로 사망했다.[김학이: 364-365] 그와 더불어 동성애자는 존재 그 자체로 동성애를 공동체 전체에 확산시킨다는 주장과 더불어[김학이: 370], 독일 민족공동체를 최우선가치로 삼은 형법에 기반을 두고, 심지어 1934년에는 동성애 자체를 처벌해야 한다는 주장도 제기되었다.[김학이: 374] 동성애를 용인할 경우, 사회 생활 전체가 기반하고 있는 토대가 왜곡된다 여겼으며 동성 성관계를 맺은 경우 징역형에 처해졌다.[김학이: 377-378] 정치적 발언 때문에 게슈타포에게 걸린 가톨릭 성직자들은 동성애 혐의로 체포되었다.[김학이: 380-381] 가톨릭 교회가 지닌 학교와 청소년 단체를 빼앗기 위해 나치는 청소년에 대한 동성애자의 유혹에서 보호하겠다는 명분을 내세웠다.[김학이: 382] 나치는 그 외의 자발적이고 자립적인 청소년 단체들 역시 동성애자로 몰아 장악하였다.[김학이: 383] 이러한 탄압을 주도했던 이들에게 동성애는 개인 각자의 사적 문제가 아니라 민족 생사의 문제였는데, 그들에 따르면 동성애는 국가를 파멸시킨다.[김학이: 393] 그래서 이 탄압에 앞장섰던 게슈타포의 지도자 힘러는 선천적 동성애자는 2퍼센트 정도라고 보고 나머지 후천적 동성애자들에게 엄격한 수용소 생활과 중노동을 부과하면 즉시 교정된다고 보았는데, 즉, 수감, 질서, 스포츠, 노동으로 치유가 가능하다는 것이며, 2퍼센트의 선천적 동성애자는 도려내면 된다 여겼다.김학이: 394 그런데 이렇게 많은 이들을 수용할 공간 마련이 쉽지 않았고, 그래서 힘러가 제시한 것은 청년들을 처녀들과 춤추도록 배려하는 것과 언제라도 여성과 성관계하는 것을 자유롭게 하는 매춘이었다.김학이: 394-395 소련과의 전쟁이 시작되면서 동성애에 대한 처벌은 강화되었다. 1943년에는 동성애자를 이성애자로 바꾸기 위해 남성 호르몬을 강제적으로 주입하게 하기도 하였다. 히틀러 시대에 벌어진 동성애자 탄압은 권력이 어떻게 소수자들을 부당한 논리로 탄압했는지를 생생히 보여주는 사례이다. 오늘 우리네 보수적인 교회에 권력이 주어진다면, 히틀러 시대에 벌어졌던 상황과 얼마나 다를 수 있을까? 히틀러 시대의 관리가 동성애자를 "교정"할 수 있다고 생각했던 점 역시 오늘날 '동성애자 전환 치료'를 드높여 말하는 이들을 떠올리게 한다.

성경 안에 고대의 세계관이 반영되었다는 점에 대한 고려는, 자칫 성경 전체를 오늘을 사는 우리 마음대로 판단하겠다는 것이 아니냐는 불안을 만들어낼 수 있다. 그러나 이와 같은 고려는 성경 전체를 관통하는, '네 이웃을 네 몸처럼 사랑하라'는 가르침 위에서 작동한다는 점을 유념할 필요가 있다. 함부로 오늘의 상황으로 성경을 재단할 위험성에 대해 충분히 인식하면서도, 수동적이고 방어적으로만 변화하는 세상을 대할 것이 아니라 '사랑하지 아니하는 자는 하나님을 알지 못한다'는 믿음으로, '온전한 사랑이 두려움을 내쫓는다'는 믿음으로 용기 있게 한 걸음 나아가는 것이 절실하다. "이것은 성경 저자를 존중하지 않는 게 아니라 진리에 헌신하고 변화에 헌신하고 기꺼이 변화하는 것이 신앙의 핵심이라고 보는 성경 저자들과 같은 태도를 취하는 것이다."윌리엄 로더; 스프링클: 72

시편 109:6-20은 시편 기자와 같은 이를 괴롭히고 짓밟는 대적에 대한 저주 기도이다. 이 시에서 시편 기자는 자신을 억누르는 이들의 행동을 가리켜 '사탄'이라는 동사를 사용하고시 109:4, 그렇게 대적하는 이를 가리켜 이 동사에서 파생한 명사형인 '사탄'을 사용한다. 109:29 여기서 '사탄'은 근본적으로 고소자이며 중상모략하는 존재이다. 이 대적들의 행동을 표현하는 데에 쓰인 악한 입, 거짓의 입, 거짓말, 미워하는 말과 같은 반복된 표현109:2-3은 기본적으로 말로 이루어진 공격과 모략이 '대적'의 주된 내용임을 보여준다. 이러한 말과 공격은 궁극적으로 시편 기자를

'핍박하고 죽이는 데까지' 이르게 한다.109:16 말로 상대를 모략하고 헐뜯고 비방하며 유린하면 참으로 상대를 죽게 할 수 있다. 상대의 명예를 짓밟는 것이며 상대의 이름을 짓밟는 것이다. 이름은 그 사람이니 그 이름을 짓밟는 것은 그의 생명을 짓밟는 것이다. 개역이 "미워하는 말"로 옮긴 부분은 '미움의 말', 혹은 '혐오의 말'로 옮길 수 있다. 요즘 식으로 표현하면, '혐오 표현' hate speech이라 말할 수 있을 것이다. '혐오 표현'은 "인종, 민족, 성에 따른 소수자 차별을 바탕으로 한 공격"이다.야스코: 22 소수자의 기준을 수적 열세, 연대 의식, 권력 없음과 같은 특징으로 볼 수 있다면야스코: 77, 시편 기자를 대적하는 이들은 "그들"로 표현되고 시편 기자는 "나"로 표현된다는 점에서 그는 소수자이고, "궁핍한 자"에 대한 연대의식을 지니고 있다는 점에서도 소수자이며, 여호와 하나님을 의지하여 대적을 확연히 맞서고 있다는 점에서도 그는 소수자이다. 시편 기자를 고통스럽게 만든 것은 혐오 표현이었다. 오늘날 문제가 되는 '2차 가해' 역시 그 본질은 '말'이다. 109편에서 시편 기자를 괴롭히는 원수는 "사탄"으로 불린다. 여기에서 볼 수 있는 것이 기독교 신학에 정립되어 있는 '사탄'의 기본적인 이미지라고 할 수 있다. 신약의 '사탄' 이미지로 구약을 볼 것이 아니라, 구약에 있는 '사탄'의 특징에 기반해서 신약의 '사탄'을 이해해야 할 것이다. 이에 따르면 '사탄'은 약한 자를 짓밟고 조롱하며 혐오 표현을 일삼는 존재이다. 그가 사람이든, 영적 세력이든.

주님은 혈루증 여인에 대해 성경 본문의 규정을 따라 책망하지 않으시며 도리어 그녀의 믿음을 칭찬하시며 축복하신다.^{막 5:25-34} 그리고 주님의 이러한 태도는 간음한 여인과 연관된 장면에서도 볼 수 있다. 간음한 여인에 대해 주님은 다른 모든 사람이 지은 죄와 동일하게 평가하셨다. 가서 더 이상 죄짓지 말라 말씀하셨다. 그런데 우리는 그렇게 살 수 있는가? 이 본문의 초점은 '여인에게 죄있다'가 아니라 '모두다 죄인이다'이며, '이 여인을 정죄하여 몰아내지 말라'에 있다. 그러나 우리네 교회는 여전히 이 본문에서 간음한 여인 역시 죄 있다 부분에 초점을 두어 본문이 말하는 바를 흐릿하게 만들어 버린다. 솔로몬은 듣는 마음을 얻었고, 창기 여인의 경우를 슬기롭게 판결했다.^{왕상 3장} 열왕기 3장 본문은 창기 여인이 하는 일이나 직업에 대해 전혀 문제삼지 않는다. 다시 그렇게 살지 말라는 점잖은 충고 따위 하지 않는다.

그에 비해 오늘날 '동성애'에 대한 우리 교회의 시각은 대체로 매우 부정적이며 혐오적 발언이 가득하다. 사실, '동성애'에 대해 진지하게 접근하겠다면서 신중한 서술을 이야기하는 개그논 역시 끔찍한 진술을 그의 책 곳곳에 담고 있다. 그는 오늘날의 동성애가 고대와는 달라졌음을 이야기하지만 여전히 동성애가 난잡한 행위를 수반한다고 언급하며 그 까닭을 남성의 성애의 지나침을 조절할 여성 파트너가 없다는 점, 젠더 정체성의 완성을 위한 만족되지 않는 갈망에 의해 그렇게 재앙이 있을 수밖에 없다는 식의 말을 한다.Gagnon: 178 수천 년 인류 역사 안에서 이성애자 남성에 의해 저질러졌던 열거할 수조차도 없는 무수한 성폭행과 성추행, 여성의 성적 대상화와 상품화 등이 존재했음에도 말이다. 사실, 개그논식의 논리로 가면 저질러진 패악한 행실로 볼 때 이성애는 진즉 금지되었어야 할 행태이지 않을까. 이와 같이 강력히 동성애를 규탄하는 이들의 목소리가 큰 반면, 꽤 많은 수의 사람들은 그저 이러한 목소리와 그로 인한 혐오를 방조한다. 그렇지만 사실 방조하는 이를 통해 혐오는 확산되며 혐오를 정당화하는 이들의 논리와 통계에 기여한다.엠케: 92-93

창세기의 '생육, 번성'은 축복이지, 그렇지 않은 사람을 정죄하라고 주어진 본문이 아니다. 이 본문으로 성소수자를 정죄한다면, 마찬가지 논리로 불임 부부와 비혼으로 살아가는 이들, 자식을 낳지 않은 채 이혼하거나 사별하고 다시 결혼하지 않는 이들을 모두 정죄해야 할 것이며, 무엇보다도 예수님과 바울을 정죄해야 할 것이다. 동성 커플을 인정할 수 있는가는 사회적 합의가 필요한 사항임에 분명하다. 그러나 동성 커플이 인정되면 마치 성경의 가르침이 무너지고 인구가 줄 것처럼 말하는 것은 명확한 과장이고 착각이다. 이성애 커플이 아닌 커플의 존재가 이성애에 대한 위협일 수는 없다.

성경에서 오늘날 우리가 말하는 '성 정체성'과 같은 개념을 찾아볼 수 없으며, 소수자라는 개념 역시 찾아볼 수 없다. 구약에 언급되는 고아, 과부, 나그네는 소수자 개념과 정확히 부합하지는 않는다. 소수자에 대해 성경에서 찾는 것은 현대의 시각으로 본문을 풀어가는 또 다른 폭력이 될 수 있다. 그러나 아브라함을 본토 친척 아비집에서 불러낸 이래 신구약 성경에 기반한 신앙은 끊임없이 나그네에 관심을 집중시킨다. 고아, 과부, 나그네는 그 단적인 예이며, 이에 대한 신약적 버전이 죄인과 병자라고 할 수 있을 것이다. 출애굽 사건과 바벨론 포로도 이러한 맥락과 연결된다. 성소수자는 특별하지 않다. 소수자 가운데 하나이다. 이들만을 따로 떼어서 말하는 것 자체가 이상한 것이다. 죄다 아니다로 말할 수 있는 것이 아니다. 어떻게 이웃을 대할 것인가? 가령 문화적으로는 죄이지만, 법적으로는 죄가 아닌 것이 많다. 동성 성행위는 여전히 성경에서는 죄로 규정된다. 그러나 이제껏 살펴 본대로 해당 본문은 고대의 문화적 틀 안에 있어서 표면적인 것만으로 오늘날에 바로 적용할 수 없으며, 그마저 '동성애'는 다루어지지 않는다고 볼 수 있다. 그렇다면 오늘 우리의 과제는 '어떻게 함께 살아갈 것인가?' 이다.

규범적 의학은 이분법을 당연시하며, 규범적 남성이나 규범적 여성에 부합하지 않으면 외과 기술로 교정해야 행복하다고 여긴다.권김현영: 135 그러나 규범은 모든 상황을 다루어낼 수 없다. 내러티브는 중요하다. 각 사람의 내러티브에 주의를 기울이고 그를 반영하는 것이 함께 살아가는 것이다. 예수님과 바리새인의 차이는 규범을 고수한 것과 각 사람의 내러티브에 집중한 것으로 이해될 수도 있다. 한 사람 한 사람의 사정과 삶의 이야기가 들려지면 그를 미워하기 힘들고, 그래서 언제나 혐오하기 위해서는 개별적인 한 사람 한 사람보다 뭉뚱그려진 전체가 필요하고 그렇게 "전체를 대표하는 표상"만이 중요하다.엠케: 18,77 "사람들이 다른 사람들에게 그렇게 쉽게 상처를 입힐 수 있는 것은, 다른 사람의 존재를 전체적으로 상상할 수 있는 능력이 몹시 떨어지기 때문이다."엠케: 80

스튜어트David Tabb Stewart의 글은 엘지비티LGBT 해석자들의 성경에 대한 접근이 어떻게 변화되어갔는지를 보여준다. 전체적으로 엘지비티 해석자들은 동성애를 연구의 대상으로 다루는 데에서 스스로를 주체로 본문 안에 두는 데로 옮겨갔다.^{Stewart: 290} 자신을 본문을 통해 들여다보고 분석하며 방어하던 데에서, 자신이 본문을 읽는 주체가 되었다! 이러한 변화는 여성에게서도 일어났다. 세상 모든 약자들에게서 이러한 변화가 일어난다. 나그네도, 노예도, 흑인도. 나그네는 인류의 오랜 현상이었으니 이미 구약 안에는 나그네에 대한 지평이 가득하다. 고아, 과부, 가난한 자에 대한 지평이 가득하다. 노예와 여성은 뒤늦게 인식되기 시작했다. 이제 성 정체성이 다른 사람이다. 다음은? 성기의 들어맞음과 출산을 강조하는 이들은 남녀의 성기 결합만이 의미 있다 여기지만, 여성의 성적 쾌락이 성기 결합에 있다는 주장이 남성들에 의해 만들어진 신화임을 제기하는 소리가 곳곳에 있다. 알리스 슈바르처의 책은 이 점을 강력하게 주장한다

변화된 세상, 새로 등장하는 사람은 성경을 새롭게 읽을 것을 촉구한다. 주님은 출신 지역, 고향 사람들에게 조금도 가산점을 주지 않으신다. 오히려 외부 사람이 더 복되다 하신다. 이를 드러내시려고 엘리야와 연관해 시돈 땅의 사렙다 과부를, 수리아 사람 나아만을 예로 드신다. 그러므로 낯선 사람, 이방 사람은 예수 복음의 본질이다. 생각지 않은 사람에게 하나님의 은혜가 임한다

는 것이 복음의 본질이다. 희년 말씀의 본질은 가난한 자, 포로된 자, 눈먼 자, 눌린 자에 있고, 이를 가장 잘 반영한 것이 이방인이다. 1세기 로마에서 유대인은 약한 민족이다. 그들이 바라는 것은 어떤 큰 것이 아니라 자신들의 지역에서 그들의 율법을 따라 살아가는 것이다. 그래서 그 영역 안에서 이방인에 대해 금을 긋는다. 그러나 하나님은 이마저 바로잡으신다. 힘들 때일수록 본질을 추구해야 제대로 따라가는 것임이 여기에서 분명해진다. 유대인들은 이사야서의 가난한 자와 눌린 자가 자신들을 가리키는 것이지, 자신들 외의 다른 사람일 수 있음을 용납할 수 없었다. 그래서 누가복음 4장에서 희년 선포 본문이 유대인의 배척으로 이어진다는 것은 매우 중요한 부분이라 할 수 있다.

성경 안에 이미 사람은 하나님의 형상이며 남자와 여자는 주 안에서 하나라는 말씀이 있다. 그리고 사람들 곁에 존재하는 흑인 노예의 존재와 그들이 겪는 비참한 괴로움을 보면서 겉으로는 노예 제도에 상관하지 않는 성경 본문에 대한 재해석이 시작된다. 가부장제 아래 여성들이 겪는 고초와 투표권조차 주어지지 않는 일상적인 차별에 대해 부당히 여기고 맞선 여성들과 그들의 처지에 공감했던 여러 사람들에 의해 여성을 당연히 남성보다 한 칸 아래에 두고 있는 성경 본문에 대한 재해석이 시작되었다. 현실의 존재가 그렇게 촉매가 되고 촉발이 된다. 그리고 이 문제를 바라볼 안목은 이미 성경 안에 있다. 가령, 초대 교회는 예루살렘 공의회에서 이방인에게 네 가지를 제외하고는 율법의 외적 표지를 요구하지 않기로 결의했다. 그러한 결의는 대체 구약 성경의 어디에 근거해서 내린 결정일까? 구약 어디에 그렇게 안 지켜도 된다는 것을 보게 했을까? 왜 그런 결정을 내리는가? 고대 이스라엘에서는 이방인에게 전도하는 것 자체가 상상할 수 없는 범주였고 이제 첫 교회는 무수한 이방 교인을 공동체 안에 품고 있다. 베드로는 고넬료라는 낯선 이방인을 만나면서 하나님이 보여주신 환상의 의미를 깨달았고, 레위기 말씀의 본질적인 의미를 깨달았다고 할 수 있다. 그들의 존재가 구약을 다시 읽게 한다. 이미 고대 이스라엘에서도 많지는 않지만 적은 수의 이방인들이 이스라엘 안에 들어와 있다. 모압 여인 룻, 헷 사람 우리야, 구스 내시 에벳멜렉 등 야훼를 경외하는 이방인의 존재를 이미 알고 있지만, 고대 이스라엘은 율법을 준수해야 함을 이야기한다. 그러나 신약 교회는 과감히 결단한다. 존재가 텍스트를 새로 읽게 한다! 그리고 오늘 우리 곁에는 어느 순간 자신이 다른 사람들과는 다른 성적 지향을 지녔음을 깨달은 사람들이 있다. 그런 점에서, 우리 시대 성소수자들은 우리로 하여금 성경 본문을 새로 읽게 만들고 상상하게 만드는 존재라 할 수 있다.

아직 우리나라 기독교에 대한 통계는 없지만, 미국의 경우 2000년 이래 복음주의 진영에서 동성애에 대한 입장은 대체로 불관용에서 관용으로 변화되어 가는 경향을 보여준다.Thomas and Olson: 239-272 이와 같은 변화에는 성경만을 근거로 내세우던 데에서 과학, 의학, 자연 질서 같은 사항도 고려하게 되고 공공의 현실에 대한 관심과 이해의 증가도 원인이 되었다.Thomas and Olson: 267-270

하나님의 형상은 백인이나 흑인, 황인을 의미하지 않는다. 하나님의 형상은 그저 사람에 그치는 것일까? 사람을 규정하는 것은 무엇일까? 얼마 전 개봉했던 "Shape of Water"에 등장하는 물고기 인간은 사람일까? 물고기 인간과 우리와의 차이는 국화와 백합의 차이보다 얼마나 클까? 예로부터 인류는 끊임없이 다른 이들과 자신을 구별하고 금을 그었다. 그러나 백인과 흑인의 금은 아무 것도 아닌 것이다. 남자와 여자의 금도 아무 것도 아니다. 주인과 종이라는 구분도 아무 것도 아니다. 비장애인과 장애인의 구분도 아무 것도 아니다. 이성애자와 성소수자의 구분도 아무 것도 아니다. 서로 다른 부분은 분명히 있다. 그러나 이성애라는 보편, 남자 여자의 구분이라는 보편에 기반해서 차이를 없애려 들기보다는 존재하는 차이에 기반해서 보편이라 여겨진 것을 해체하고 달리 구성해야 한다.^{정희진: 31} 문제는 사랑이다. 문제는 서로를 있는 그대로 받고 사랑하는 것이다. 더 사랑하는 것, 두려움 없이 사랑하는 것, 그것이 관건이다. 이 크고 광활한 우주에 우리처럼 생긴 사람 밖에는 없을까? 우리는 그 때에 이른바 '외계인'을 보고 무엇이라 말할 수 있을까? 하나님의 형상은 겉모습이지 않다. 하나님의 형상은 왕으로 존재하며 섬기는 이, 일하며 섬김으로 함께 살아가는 존재이다. 모양이 아니라 삶의 내용이다. 그 점에서 성경을 오늘 읽는다는 것은 끊임없이 더 큰 상상력을 필요로 한다. 참으로 "부족한 상상력은 정의와 해방의 막강한 적대자이다."^{엠케: 244}

앞서 본대로 레위기는 경계 설정에 민감하며 이방민족에 대해 전반적으로 강경한 입장의 구약 성경 역시 경계에 민감하다고 볼 수 있다. 한편 나그네는 정착민이 아니며 여기에서 저기로 옮겨 다니는 존재, 경계에 선 존재이며, 신구약 성경은 나그네 섬김을 하나님 백성의 마땅한 도리로 명령하며 규정한다. 이를 생각하면 성경의 경계 설정은 배제를 위한 것이 아니라 하나님 백성의 정체성 확립을 의도한 것이라 할 수 있으며, 그러한 경계는 구약에서도 모압 여인 룻과 같은 존재를 통해 이미 확장되고 있고 베드로의 환상과 신약 교회는 그 경계를 세상 모든 사람을 향해 확장시켰다. 그래서 구약이 말하는 경계는 하나님 백성의 합당한 삶으로 해석되어야 하며, 겉으로 드러난 표지로 이해될 수 없다. 소돔과 고모라, 베냐민 땅 기브아 사람들의 이야기는 동성 행위를 하느냐 하지 않느냐가 관건이 아니라 우리 삶에 낯선 나그네라는 경계인을 우리의 한 사람으로 영접하는가 그렇지 않는가를 오늘 우리에게 묻는다. 나그네로 대표되는 약자를 권력을 휘둘러 제 멋대로 하는 것이 아니라, 도리어 나그네를 사랑하며 그의 필요를 채우며 섬기라고 이와 같은 이야기는 강력히 촉구한다. 그 점에서 이 본문들이 다룬 동성 성행위 주제는 성경 전체에서 매우 드물게 언급되는 주제이되, 이 본문들이 담고 있는 나그네 섬김 주제는 신구약 성경 전체를 관통하는 주제라 할 것이다.

동성애자들에 대해 미국과 한국의 보수 교회에서 공격적인 목소리가 드높다. 동성애야말로 한국 교회와 가정을 넘어뜨릴 무엇인 것처럼 여겨지기도 한다. 이러한 주장을 펴는 사람들은 '동성애자'의 비율이 상당히 낮다는 점을 보이려고 애쓰는데, 그렇게 적은 수의 사람들로 인해 어떻게 사회가 무너진다는 것인지 납득하기 어렵다. 미국의 Focus on the Family 같은 단체는 남성 중심의 가부장제야말로 하나님의 설계의 근본으로 여기며 가정에 최우선의 관심을 기울인다. 로저스: 194-195 가정에 대한 강조와 가부장제에 대한 강조는 엄연히 구분되어야 한다. 언제나 집단적 증오와 멸시 성향이 생기려면 그렇게 증오와 멸시 당하는 이들이 오히려 사회에 피해나 위험, 위협을 가한다고 주장하는 이데올로기가 있어야 하는데[엠케: 76], 여기에 딱 맞는 것이 남녀의 상호 보완, 가부장제라 할 수 있다. 실제로 오늘날 가정의 붕괴에 동성애자들이 준 영향은 아무 것도 없다.[로저스: 205-207] 오히려 보수적 개신교인들이 많은 미국 남부에서 이혼율이 훨씬 더 높은데, 동성결혼을 가장 반대하는 켄터키, 미시시피, 아칸소에서 이혼율이 가장 높으며, 가장 낮은 이혼율인 메사츄세츠는 게이 결혼을 찬성한다.[로저스: 205-207] 통계적으로 볼 때, 특정 카운티의 높은 이혼율과 가장 연관이 깊은 지표는 보수적 또는 복음주의 개신교도들의 인구 밀도라는 분석 역시 같은 내용을 말한다.[오렌스타인: 152] 혼전 성관계를 반대하는 복음주의 백인 청소년은 거의 75퍼센트에 달하며 주류 개신교 청소년의 50퍼센트, 유대교 청소년의 25퍼센트에 비해 매우 높은 비율인 반면, 다른 집단보다 어린 평균 16세에 순결을 잃으며, 임신이나 성병을 예방할 확률도 가장 낮았다는 통계 보고도 있다.[오렌스타인: 146-149] 나아가, '가족'으로 모든 문제를 해결하는 것도 문제 있다고 보인다. 지금 우리에게 필요한 것은, 인류는 한 가족이라는 확대된 가족 논리보다는[이러한 논리는 여전히 '내 가족은 사랑하겠다'

는 사사로움이 전제되어 있다, 개인의 독자성과 차이에 대한 존중, 그리고 그러한 인권 존중에 기반을 두고 다른 사람도 나처럼 그러한 존엄이 지켜지는 세상에 대한 추구이다. 김희경: 259

특이하게도 초기 기독교는 남자다움을 재해석한다. '하나님 나라를 위해 고자 된 이'라는 표현은 수도승으로 단적으로 형상화된다. 참으로 남자답지만 로마 세계가 이해하는, 그리고 생육번성이 이야기하는 성 구분과는 확연히 다른 새로운 인간형을 새로운 신앙의 상징으로 내세운다. 이에 대해서는 Kueffler를 보라 남성성의 고수와 그리스도의 신부라는 두 정체성이 여성 옷을 입은 남자로 표현되기도 하였다. Kueffler: 240-243

구약의 강경한 입장이 신약에서 변화된다. 그것이 구약에만 통했던 이야기를 의미하지 않고, 신앙 공동체가 정경의 내용임에도 새로운 시대에 새롭게 해석한 것이다. 레위기 정결 규례가 그러하고, 이방인에 대한 용납이 그러하다. 수로보니게 여인을 향한 주님의 대답은 이제까지의 역사를 정리하면서 새로운 시대를 열고 있다. 동성애 관련 본문에 대한 해석도 마찬가지일 것 같다. 문화적 종교적 성적 다양성이 존재한다는 사실은 도리어 우리에게 안정감을 줄 수 있고, 복수로 존재한다는 것은 모든 사람이 각자의 개인성과 독특함을 서로 존중한다는 것을 의미한다. 옌케: 223-225

이방인을 받아들이는 패러다임 변화가 초기 교회에 그리 간단한 문제이지 않았고, 구약이 규정하는 외적 규례를 이방인에게 요구하지 않는 것도 간단한 문제이지 않았다. 그러나 하나님이 깨끗하다 하신 것을 사람이 부정하다 할 수 없다. 베드로의 환상이 오늘 우리에게 의미 있다. 고대 사람들에게 이방인이 주요 쟁점이었다. 구약에서도 전반적으로 이방인에 대한 강력한 배척이 존재하고 소수의 함께 들어와 사는 사람에 대한 용납이 있다. 에스라-느헤미야처럼 신앙 공동체 확립을 위해 강력한 분리정책을 펴는 경우가 있고, 룻기와 요나서는 유대인과 이방인이 민족이나 인종으로 구분되는 것이 아님을 명확히 보여준다. 그 시대 사람들에게는 이처럼 이방인이 쟁점이었다. 이방인 쟁점 본문을 보면서 오늘 우리는 우리 시대의 이방인을 생각하고 떠올리는 것이 마땅할 것이다. 우리 시대의 이방인으로 성소수자를 떠올리는 것이 부적절하다 여기는 이들이 있다. 이제 구약에서 그렇듯이, 신약 공동체에서 그렇듯이 논쟁의 시작이다. 이를 통해 교회는 넓어져 갈 것이다.

신구약 성경에 쓰여 있는 노예 제도와 연관된 표현을 진지하게 읽을 때, 아마도 우리가 말할 수 있는 최선은 '할 수만 있으면 노예로 살지 말라. 그런데 노예 처지라고 해도 하나님을 섬기며 믿음으로 살아갈 수 있다' 일 것이며, 이것은 정확히 바울이 권한 내용이라 여겨진다.^{고전 7:20-21} 그런데 이러한 이해는 바울 시대에는 아무 문제 없겠지만, 노예 해방의 열기가 드높던 시기의 미국과 유럽, 아프리카에서는 지극히 타협적이고 수동적이며 방어적인 입장일 수밖에 없다. 이 같은 입장으로 교회는 노예들의 곁에 서 있을 수는 없을 것이다. 본문의 문맥에서는 또렷하지 않아도 네 이웃을 내 몸처럼 사랑하라, 모든 사람이 하나님의 형상이라는 선포는 더 이상 사람이 사람을 종으로 삼는 것을 강력히 맞서게 한다. 지금 우리에게 맞닥뜨린 현실도 이와 같다. 우리는 성경의 문자와 문맥 안에 머물러서 수동적이며 방어적으로 오늘의 동성애자와 함께 가는 현실을 바라볼 것인가, 아니면 적극적이고 진취적으로 성경 전체가 말하는 이웃 사랑이라는 근본적인 선포에 헌신할 것인가?

제 언

1. 신구약 성경에 따르면 우상 숭배는 명확히 죄이며 로마서 1장 역시 그에 대해 강력하게 규탄하며 증언한다. 구약에서 동성 성행위를 규정하는 '가증하다'는 표현은 그 외 용례에서는 압도적으로 우상 숭배에 적용되었다. 그러나 오늘 우리는 불교도들에 대해 매주마다 강력하게 규탄하며 거리 집회를 하지 않으며, 석가 탄신일 때 전국 도심 곳곳을 연등으로 채워도 항의하거나 빈대하지 않는다. 그리고 차별금지법에 종교를 이유로 차별하지 않는다는 조항이 들어가도 아무 문제삼지 않는다. 그리고 공직에 있는 이가 불교에 근거한 발언을 하면 분노하며 공정을 지킬 것을 요구한다. 구약과 신약 본문이 글자 그대로 동성 성행위를 규탄한다. 그럴지라도 불교를 비롯한 다른 종교에 대해서건, 성경이 반대하는 동성 성행위를 행하는 사람들에 대해서건, 다른 사람을 해치고 폭력을 가하며 짓밟지 않는 한, 성경에서 반대한다고 일상의 공적

삶의 현장에서 무엇을 요구할 수는 없을 것이다. 성소수자들이 거리에서 일 년에 한 번 집회하는 것을 교회가 나서서 막을 근거는 없고, 공직이나 공적인 자리에서 다른 성 정체성 자체에 대해 비난하는 것을 정당화할 수는 없다. 그리고 성소수자들은 그들의 성 정체성을 이유로 그 어떤 차별을 받아서도 안될 것이다. 이와 같은 결론은, 구약과 신약 본문을 그저 글자대로 받는다 해도 마땅히 기독교계 안에서 실행될 수 있는 사안이다. '환영하지만 인정하지는 않는' 입장그렌츠; 기윤실 편은 신구약 성경에 실린 본문을 오늘날 동성애를 말하는 본문으로 시대착오적으로 읽고 있으며, 본문의 문자적 의미에서 벗어나지 못했다는 한계를 지니고 있지만, 이 입장만으로도 교회는 차별금지법을 찬성해야 할 것이다. 결국 불교의 연등 행사에 대해서는 침묵하면서 성소수자들의 행사에 대해서 강력히 반대하는 것을 보면, 기독교의 성소수자 반대의 본질은 숫자에 기반을 둔 논리, 철저히 힘에 기반을 둔 논리임을 확인할 수 있다. 그 점에서 이성애자가 아닌 이들을 가리켜 "성소수자"라고 부르는 것은 매우 본질적이며 타당한 이름이라 할 수 있다.

제3차 국가인권정책기본계획National Human Rights Plans of Action: NAP 초안 가운데 "2. 모든 사람이 평등한 사회" 항목에서 성소수자에 대한 인식이 높아져야 하며 이를 반영하는 제반 사항이 필요하다는 지적이 있다. 이를 위해 차별금지법을 입법해야 한다는 과제를 제시한다. 과제 가운데 하나로, "양성평등 문화 확산^{교육부}"와 같은 항목도 있다. 이전 내용에서 성소수자에 대한 제도적 배려를 수 차례 언급했으면서 막상 "양성평등"과 같은 용어를 사용한 것은 논리적으로 일관되지 않는다. 이것은 "성평등"으로 고치는 것이 타당할 것이다. 오늘날에 사람의 성은 남자와 여자로 단순히 표현할 수만은 없음을 '간성인'에서 볼 수 있다. 다른 어떤 종교보다 기독교는 잃어버린 한 마리 양을 소중히 여기는 종교라는 점에서, 양성평등보다는 성평등이라 표현하는 것이 좀 더 전부를 담아낼 수 있는 포괄적 표현이라 할 수 있다.

2. 성경 본문의 문맥에 따른 의미를 밝히고 오늘의 시대와 연관해서 해석하는 것은 간단한 작업이 아니다. 이 글은 나름의 주장이거니와, 참으로 우리에게 필요한 것은 이와 연관하여 시간과 정성을 들여 연구하고 고민하는 것이다. 구약과 신약에 실린 동성 성행위 정죄 본문은 해석의 여지가 아주 많은 본문이라는 점에서 충분하고 제대로 된 논의가 필요한 문제이되, 일방적으로 그 표면적 의미에 기초해서 다른 입장을 배척할 사항이 아니다.

    '동성애자'라는 말로 싸잡아 그들을 규정할 것이 아니라, 실제로 게이로 살아가는 우리 곁의 사람을 만나고 게이이면서 그리스도를 고백하는 신앙인을 만나서 그들의 경험과 삶, 생각에 귀기울일 필요 있다. 우리 신앙은 들어보지도 않고 규정하며 정죄하는 이들이 아니라, 한 사람 한 사람을 만나고 각 사람의 이야기를 누구보다도 "듣는 마음"^{왕상 3:9}으로 듣는 신앙이기 때문이다. 무엇보다도, 99마리의 양을 들에 버려두고 한 마리 양을 찾도록 찾아나선 주님으로 인해 복음의 진리를 경험한 이들이 기독교인이라는 점에서, 기독교 신앙은 근본적으로 한 마리 양으로 대표되는 소수에 집중하는 신앙이다. 신앙 공동체마다 성소수자를 어떻게 이해하며 어떻게 함께 살아갈 수 있을지 고민하고 논의하는 위원회를 만들어야 한다. 이렇게 만들어진 위원회를 중심으로 6개월 내지 일년간 논의를 진행하고, 필요에 따라 신앙 공동체 전체를 대상으로 나눔과 공청회를 실행하는 것이 좋겠다. 그러한 객관적이고 차분한 논의의 과정을 거쳐서 공동체 전체의 뜻을 모아 내려진 결정이라면 적어도 우리 교회는 지금과 같은 광적이고 비이성적인 대응을 훨씬 줄일 수 있을 것이며, 어떤 결정이 내려지든 이전보다는 좀 더 따뜻한 공동체일 수 있을 것이다.

3. 규탄될 것은 정체성이 아니라 다른 사람의 동의 없이 저질러지는 그 모든 폭력이다. 교회 안과 밖에서 여성들은 성희롱과 성추행, 성폭력에 무차별적으로 노출되어 있고, 무언중의 폭력에 대응하다가 목숨을 잃는 경우들이 허다하다. 흔히 동성애가 인정되면 군대가 위험해질 것이라 말하지만, 현재 저질러지는 군대 내 성폭력의 본질은 결코 '동성애'가 아니라 계급 질서에 기반을 둔 채 상대방을 장악하고 지배하는 '성폭력'일 따름이다.^{정희진: 262} 성인이 스스로 결단하여 스님이 되거나 절에 정기적으로 출석하고 부처님의 가르침을 따라 살아가는 것을 비판할 것이 아니라, 성인 두 사람이 서로를 향한 사랑 위에 맺은 동성 관계를 비판할 것이 아니라, 교회는 불의와 폭력을 규탄하고 고발해야 마땅할 것이다. 사실, 훨씬 본질적인 질문은 정의로운 사회를 향한 소망과 기대이다. 서로를 긍휼히 여기는 정의로움이 확립될 때, 어떤 성소수자이건 인간다운 삶을 살 수 있다. 정말로 무절제한 성문화의 확산을 막고 싶으면 동성애자를 반대할 것이 아니라 정의를 추구하라.

참고문헌

권김현영 엮음.『한국 남성을 분석한다』. 교양인, 2017.

기동연.『레위기: 내가 거룩하니 너희도 거룩하라』. 생명의 양식, 2019.

기윤실 부설 기독교윤리연구소 편.『동성애에 대한 기독교적 답변: 동성애를 긍정하진 않지만, 동성애자들을 따뜻하게 맞이하는 교회』. 예영커뮤니케이션, 2011.

김근주.『소예언서 어떻게 읽을 것인가 2: 요나, 미가, 나훔, 하박국』. 성서유니온선교회, 2016.

김학이.『나치즘과 동성애: 독일의 동성애 담론과 문화』. 문학과지성사, 2013.

김희경.『이상한 정상 가족』. 동아시아, 2017.

랜돌프 리처즈, 브랜든 오브라이언, 홍병룡 옮김.『바울과 편견』, 성서유니온선교회, 2017.

리처드 헤이스, 유승원 옮김.『신약의 윤리적 비전』. IVP, 2002.

마르틴 헹엘, 박정수 옮김.『유대교와 헬레니즘』. 2권. 나남, 2012.

모로오카 야스코, 조승미/이혜진 옮김.『증오하는 입: 혐오발언이란 무엇인가?』. 오월의봄, 2015.

박유미. "'다말 사건' 아닌 '암논 사건'", 뉴스앤조이, 2018.11.1. (http://www.newsnjoy.or.kr/news /articleView.html?idxno=220753).

박정관.『성서해석학: 말씀과 일상·과거 속의 현재』. 복 있는 사람, 2018.

스탠리 J. 그렌츠, 김대중 옮김.『환영과 거절 사이에서: 동성애에 대한 복음주의의 응답』. 새물결플러스, 2016.

알리스 슈바르처, 김재희 옮김.『아주 작은 차이 그 엄청난 결과: 전 유럽을 뒤흔든 여자들의 섹스 이야기』. 미디어 일다, 2017.

앤터니 티슬턴, 박규태 옮김.『두 지평: 성경 해석과 철학적 해석학』. IVP, 2017.

월터 윙크 엮음, 한성수 옮김.『동성애와 기독교 신앙: 교회들을 위한 양심의 질
　문들』. 무지개신학연구소, 2018.

윌라드 스와틀리, 김복기 옮김.『동성애: 성서적 해석과 윤리적 고찰』. 대장간,
　2014.

이민규. "성경으로 동성애를 논하는 것이 어디까지 가능할까?",『성경과 신학』
　81 (2017), 301-338.

잭 로저스, 조경희 옮김.『예수, 성경, 동성애: 신화를 타파하라, 교회를 치유하
　라』. 한국기독교연구소, 2015.

정희진.『페미니즘의 도전: 한국 사회 일상의 성정치학』. 개정증보판. 교양인,
　2013.

카롤린 엠케, 정지인 옮김.『혐오사회: 증오는 어떻게 전염되고 확산되는가』. 다
　산초당, 2017.

페기 오렌스타인, 구계원 옮김.『아무도 대답해주지 않는 질문들』. 문학동네,
　2017.

프레스턴 스프링클 편집, 양혜원 옮김.『동성애에 대한 두 가지 견해』. IVP,
　2018.

플라톤, 박종현 역주.『플라톤의 향연, 파이드로스, 리시스』. 서광사, 2016.

Brooten, Bernadette J. *Love Between Women: Early Christian Responses to
　Female Homoeroticism*. University of Chicago Press, 1996.

Brownson, James V. *Bible, Gender, Sexuality: Reframing the Church's Debate on
　Same-Sex Relationships*. Wm. B. Eerdmans, 2013.

Calvin, John. *Commentary of Timothy, Titus, Philemon*. Christian Classics Ethe-
　real Library; Grand Rapids, 1999.

Carden, Michael. *Sodomy: A History of a Christian Biblical Myth*. Equinox,
　2004.

Carter, Warren. *The Roman Empire and the New Testament*. Abingdon Press,

2006.

Cornwall, Susannah (ed.) *Intersex, Theology, and the Bible*. Palgrave Macmillan, 2015.

___. "Troubling Bodies?", in Susannah Cornwall (ed.), *Intersex, Theology, and the Bible*. Palgrave Macmillan, 2015, 1–26.

Defranza, Megan K. "Virtuous Eunuchs: Troubling Conservative and Queer Readings of Intersex and the Bible", in Susannah Cornwall (ed.), *Intersex, Theology, and the Bible*. Palgrave Macmillan, 2015, 55–77.

Epictetus. translated by W.A. *Oldfather. Epictetus: Discourses Books III and IV, the Manual, and Fragments*. Loeb Classical Library. Harvard University Press, 1928.

Froese, Vic. "Faith and Homosexuality: A Short Bibliography", *Direction 45* (2016), 217–223.

Gagnon, Robert A.J. *The Bible and Homosexual Practice: Texts and Hermeneutics*. Abingdon Press, 2001.

___. "The Old Testament and Homosexuality: A Critical Review of the Case Made by Phyllis Bird", *ZAW* 117 (2005), 367–394.

Gross, Sally. "Intersex and Scripture", *Theology and Sexuality* 11 (1999), 65–74.

Hays, Richard B. "Relations Natural and Unnatural: A Response to John Boswell's Exegesis of Romans 1", *The Journal of Religious Ethics* 14 (1986), 184–215.

Holladay, Carl R. (ed.) *Fragments from Hellenistic Jewish Authors: Volume III. Aristobulus*. Scholars Press, 1995.

Kuefler, Matthew. *The Manly Eunuch: Masculinity, Gender Ambiguity, and Christian Ideology in Late Antiquity*. University of Chicago Press, 2001.

Levy, Ian Christopher. I*ntroducing Medieval Biblical Interpretation*. Baker Academic, 2018.

Lyons, William J. "'Outing' Qoheleth: On the Search for Homosexuality in the

Wisdom Tradition", *Theology & Sexuality* 12 (2006), 181−201.

Marchal, Joseph A. "Who Are You Calling a Eunuch?! Staging Conversations and Connections between Feminist and Queer Biblical Studies and Intersex dvocacy", in Susannah Cornwall (ed.), *Intersex, Theology, and the Bible*. Palgrave Macmillan, 2015, 29−54.

Martin, Dale B. "Heterosexism and the Interpretation of Romans 1:18−32", *Biblical Interpretation* 3 (1995), 332−355.

Milgrom, Jacob. Leviticus 1−16: A New Translation with Introduction and Commentary. *Anchor Bible Commentary*; Anchor Bible, 1991.

___. Leviticus 17−22: A New Translation with Introduction and Commentary. *Anchor Bible Commentary*; Anchor Bible, 2000.

Miller, James E. "Response: Pederasty and Romans 1:27: A Response to Mark Smith", *Journal of American Academy of Religion* 65 (1997), 861−866.

___. "A Response to Robert Gagnon on ≪The Old Testament and Homosexuality≫", *ZAW* 119 (2007), 86−89.

Nissinen, Martti. translated by Kirsi Stjerna. *Homoeroticism in the Biblical World: A Historical Perspective*. Fortress Press, 1998.

Philo. translated by F.H. Colson and G.H. Whitaker. *Vol IV: On the Confusion of Tongues, On the Migration of Abraham, Who is the Heir of Divine Things, On Mating with the Preliminary Studies*. Loeb Classical Library 261. Harvard University Press, 1932.

___. translated by F.H. Colson. *Vol VII: On the Decalogue, On the Special Laws Book I − III*. Loeb Classical Library 320. Harvard University Press, 1937.

Rufus, Musonius. translated by Cynthia King. *Lectures & Sayings*. Revised Edition. CreateSpace, 2011.

Schmitt, Arno and Jehoeda Sofer (ed.) *Sexuality and Eroticism Among Males in Moslem Societies*. Routledge, 1992.

Scroggs, Robin. *Homosexuality and the New Testament*. Fortress Press, 1983.

Seneca the Elder. translated by Michael Winterbottom. *Declamations, vol. I:*
Controversiae, Books 1–6. Loeb Classical Library 463, Harvard University
Press, 1974.

Smith, Mark D. "Ancient Bisexuality and the Interpretation of Romans 1:26–27",
VT 64 (1996), 223–256.

Stewart, David Tabb. "LGBT/Queer Hermeneutics and the Hebrew Bible", *Cur-*
rents in Biblical Research 15 (2017), 289–314.

Thomas, J.N. and D.V.A. Olson. " 'Evangelical Elites' Changing Responses to
Homosexuality 1960–2009", *Sociology of Religion* 73 (2012), 239–272.

Toensing, Holly Joan. "Women of Sodom and Gomorrah: Collateral Damage in
the War against Homosexuality?", *Journal of Feminist Studies in Religion* 21
(2005), 61–74.

Wernick, Uri. "Will the Real Homosexual in the Bible Please Stand Up?", *Theolo-*
gy & Sexuality 11 (2005), 47–64.

Williams, Craig A. *Roman Homosexuality. Second edition*. Oxford University
Press, 2010.

Wilson, Michael. "From Sherwin Bailey to Gay Marriage: Some Significant
Developments in Christian Thought since 1955", *Modern Believing* 54 (2013),
201–212.